철학수첩

하라다 마리루 지음

Who am I ?

나는 누구일까?

" 너 자신의 내면을 탐구하라. "
그러면 모든 걸 찾으리라.

- 요한 볼프강 폰 괴테(1749-1832) -

지금까지 몰랐던 '나'의 개성과 재능을 만나볼 수 있는 다이어리

나는 무엇일까? 나는 누구일까? 이런 생각을 해본 적 없으신가요? 타인에게서는 벗어날 수 있습니다. 하지만 인생에서 유일하게 벗어날 수 없는 존재는 바로 나 자신입니다. 혼자 지구 뒤편으로 도망간다 해도, 나 자신만큼은 떨어지지 않고 꼭 붙어 따라오지요. 죽을 때까지 멀어질 수 없는, 가장 가까우면서도 스스로 이해할 수 없는 신비로운 존재랍니다. 하지만 나 자신을 두려워하지는 않아도 됩니다. 이 철학수첩으로 물음표 투성이인 '나'를 철저히 분석하여 나의 개성, 재능, 속마음을 알 수 있거든요. **나조차도 몰랐던 자신과 만나 '나'를 더욱 사랑할 수 있게 되죠.** 나는 무엇일까? —— 이 물음은 기원전 400년, '철학의 아버지' 소크라테스가 살았던 시대로부터 줄곧 이어져왔던 철학의 테마이기도 합니다. 이 다이어리에는 철학자의 가르침을 바탕으로 한 글귀나, 일상의 고민들을 날려버릴 수 있는 명언이 가득 담겨 있어요.

● 답은 내 안에 있다. 답을 이끌어내는 철학 글귀

정신분석가요 철학자인 야스퍼스는 말했습니다. "이미 알고 있다고 생각했던 것들을 문득 깨닫게 되면서 새로운 인식을 하는 것. 이게 철학이다." 다시 말해, 모든 일을 한 방향이 아닌, 다양한 각도에서 바라보는 자세가 철학하는 행위라고 말할 수 있습니다. 철학한다는 건 이처럼 시야를 넓히는 일이기도 합니다. 지금까지 나름 생각해보아도 답이 보이지 않던 일에 '나'를 앎으로 답이 보이고, '문득' 깨달음을 얻는 경우도 분명 많을 겁니다. 부디 이 다이어리에 적힌 철학 글귀들을 통해 다양한 발견들을 경험해 보시기 바랍니다.

철학자 니체는 "사실이라는 건 존재하지 않는다. 존재하는 건 해석만이 있다"는 가르침을 남겼습니다. '위기는 곧 기회다'라는 말도 이 가르침을 담고 있죠. 언뜻 '위기'로 다가오는 일도 해석을 달리하면 '기회'로 받아들일 수 있는 거죠.

우리는 일상 속에서 다양한 일들을 겪으며 일희일비하지만, 이런 '사건이나 변화'를 어떻게 해석하느냐에 따라 독이 될 수도 약이 될 수도 있습니다. 이는 '언제나 긍정적인 사고를 해야 한다'는 말이 아닙니다. 일어난 일에 대해 냉정하게 분석하며 필승 전략을 좁혀나가거나, 자신이 성장할 수 있는 길을 찾을 수 있다는 의미입니다. 철학자 쇼펜하우어도 "운명이 카드를 섞으면, 우린 그걸 가지고 게임에 임한다"고 말합니다. 어떤 카드가 주어지든, 무슨 일이 일어나든, 내가 어떻게 하느냐에 따라 이길 수도 질 수도 있죠. 어떤 승리를 얻고 싶은지, 1년 후 어떤 모습의 내가 되고 싶은지, 일단 목표를 상상한 후 여기에 다짐해볼까요?

1년 후, 어떤 모습의 내가 되고 싶나요?

터닝 포인트의 성향으로 내 가치관 알아보기

태어나서 지금까지 어떤 일들이 있었나요? 지금까지 살아온 인생 속에서 기억에 남을 만한 터닝 포인트를 떠올려보세요. 아무 일이나 괜찮아요. '이건 터닝 포인트였어!'라고 생각할 만한 일이라면 상관없어요. 무언가를 이뤘을 때, 불행했을 때, 그리고 그 불행에서 빠져 나왔을 때, 어떤 일들이 있었나요? 자신의 인생을 돌이켜 곰곰이 생각해보세요. 꼭 다섯 개를 다 떠올릴 필요는 없어요. 떠오르는 만큼 적어보세요. 터닝 포인트가 되었던 일들의 성향을 알게 되면 자신이 정말 필요로 하고 있는 일이나 소중히 여기는 가치관을 알 수 있답니다.

터닝 포인트 쓰기의 예

14 살	지역 미술 콩쿠르에서 입상
15 살	첫 남자친구에게 차였음
22 살	선배 회사에 취직
살	
살	

터닝 포인트가 되었던 사건은?

_____ 살

_____ 살

_____ 살

_____ 살

_____ 살

터닝 포인트가 정리되었다면 다음은 태어난 후부터 현재, 그리고 미래까지의 연표 그래프를 작성해보세요. 태어났을 때의 행복도를 어디에 놓을 지는 자유입니다. 생각나는 대로 그려보세요. 업-다운이 보이는 곳은 '무엇을 잃어서 행복도가 내려간 건지' 또 '무엇이 충족되어 행복도가 올라간 건지' 간단히 적어보세요. 그렇게 하다 보면 공통점이나 내 자신이 소중히 여기고 있는 가치관이 보이게 될 거에요. 태어난 후부터 현재까지 그래프를 그렸다면 미래도 한번 예상해보세요.

나의 연표 그리기의 예

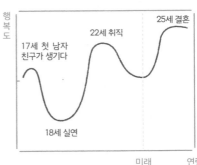

나의 연표

내 인생에 있어
소중한 가치관 기록하기

내 인생에서 필요한 것들, 인생에서 소중히 여기고 있는 것들이 과연 무엇일까? 앞 페이지에서 '나의 연표'를 통해 이제껏 내가 소중히 여겨왔던 것들이나 가치관을 볼 수 있지 않았나요? 이 페이지에서는 '내 인생에서는 이게 소중해!', '이것만 있으면 난 행복해!'라고 생각할 수 있는 내 인생의 소중한 가치관을 한번 써보세요.

예시>

title. 친구

무슨 일이 있을 때
항상 나를 도와주는
사람은 친구였어.
앞으로도 소중히 해야지.

title.

title.

title.

나

title.

title.

미래의 나는 이렇게 될 거야!
구체적으로 써 내려가 보기

이 곳에는 미래 계획을 써볼까요? '이렇게 되었으면 좋겠어!' 마음을 두근거리게 할 나의 미래상을 날짜, 나이, 장소, 입고 있는 복장 등등. 구체적으로 상상한 후 적어보세요. 예를 들면, '2020년 9월, 서른 살에 연인과 함께 세계 일주 여행을!' 같은 느낌으로요. '이렇게 되었으면 좋겠지만, 지금 내 상태로는 힘들지 몰라'하는 불안감이 밀려와도, 그 불안감에 휩쓸릴 필요는 없어요. 불안을 느낀다는 건 가능성이 있다는 사실에 대한 반증이니까요.

(년   월   살)

(년   월   살)

(년   월   살)

(년   월   살)

(년   월   살)

철학이란 타인의 가치관에 의문을 가지고 자신의 가치관을 이끌어내는 것

철학이란 당연하게 여기는 것들에 대해 의문을 던지는 학문입니다. 오늘날 과학이라고 불리고 있는 기술, 수학, 음악, 심리학 모두 고대 그리스 시절에는 '철학'이었습니다. "하늘이 도는 게 아니라, 지구가 회전하고 있는 건 아닐까?" "질병은 저주가 아니라, 질환의 일종 아닐까?" 이런 식으로 지금까지 상식으로 여겼던 사실들에 의문을 가지며 모든 학문은 발전하기 시작했죠. '철학은 모든 학문의 어머니다'라고 일컫는 이유도 바로 여기에 있습니다.

우리들은 '이 일은 이렇게 하는 것이다', '상식적으로 생각했을 때 그렇다' 등등 타인에 의해 주입된 사고방식에 얽매여 살고 있습니다. 즉, 타인의 가치관 속에서 살아가는 게 습관처럼 되어버린 거죠. '왜 살아있는가?', '왜 결혼을 해야만 하는가?' 등의 일상적인 질문조차도 '그냥 왠지 그렇게 해야 하니까'라는 대답 말고는 내 생각을 쉽게 꺼낼 수 없지요. 이렇게 상식은 때때로 나를 힘들게 하거나, 괴롭히는 존재이기도 합니다.

● 철학은 나를 자유롭게 해준다.

"상식이란 18세까지 쌓아온 편견의 집합이다." 아인슈타인의 유명한 한 마디입니다. **철학은 이러한 편견이나 선입견을 없애주고, 나 자신만의 답을 찾아줍니다.** 다시 말해, 남의 가치관이 아닌 내 가치관으로 인생을 살아갈 수 있도록 도와주는 거죠. 더 이상 타인의 기준으로 인해 고민하지 않아도 됩니다. 철학을 통해 '나는 이렇게 생각하니까 이렇게 할 거야'하고 내가 인생의 키를 잡을 수 있게 되는 거죠. 철학은 이렇게 우리를 자유롭게 해주는 존재랍니다.

철학 + 성격 유형 진단으로
철저한 자기분석

이 철학수첩에는 철학자들의 가르침을 바탕으로 한 '철학 미션'과 일상의 고민거리들을 날려줄 '철학자의 격언'이 가득 실려 있습니다. 그리고 다양한 종류의 '성격 유형 진단 테스트'를 통해 '나'를 철저하게 심층 분석할 수 있습니다. 일, 성격, 연애, 속마음, 대인관계 등 여러 고민들을 해결해줄 가르침을 즐겁게 되뇌다 보면 매달 새롭고 다양한 깨달음을 선물로 받을 거예요.

매월의 철학 미션   나의 성격 알기

두 요소를 통해 점점 '나'라는 사람을 알 수 있습니다.

마음 깊숙한 곳에 자리한 '동기'를 찾아 나 자신을 알자

내 마음 속의 첫 번째 '동기'는 무엇일까?

같은 행동을 하더라도, 사람에 따라서는 행동의 '동기'가 다릅니다. 예를 들면, 술자리에서 맨 처음 맥주를 주문한다고 할 경우, 맥주가 그냥 좋아서 주문하는 사람도 있겠지만, 주변 사람들에게 맞춰 주문하는 사람도 있습니다. 물론 가격이 저렴해서 맥주를 찾는 사람도 있겠죠. 타인과 똑같이 행동한다 하더라도 동기는 사람마다 다를 수 있습니다.

평소 당신이 중요하게 여기는 동기가 사회성에 가려져 잘 보이지 않는 경우도 있습니다. 가령 '오직 지시만 따라서 책임을 다하고 싶어' 같은 동기를 강하게 품고 있는 사람이 있다고 해볼게요. 이 사람이 개성을 가장 중요하게 여기는 조직에 소속되어 있다고 가정한다면, 어떻게 될까요? 분명 '책임감'으로 인해 개성이 중요하다고 믿게 되겠죠. 이처럼 자신이 중요시하는 동기는 주변 환경에 따라 가려지는 경우도 흔히 있어요.

14페이지에서 진행할 미션은 당신이 가장 소중히 여기는 동기를 찾아보는 것입니다. 마음 깊숙한 곳에 있는 '동기'를 충족시켜줌으로써 행복감을 얻을 수 있게 될 거에요.

'동기'에는 아홉 개의 유형이 있습니다.

● 성격유형론(애니어그램)에 따르면, 사람의 동기에는 '아홉 개의 유형'이 있다고 합니다. 애니어그램은 소니나 애플, 도요타 같은 대기업의 인재육성이나 할리우드 영화 등에서 등장인물의 성격을 만들 때 참고하는 수단입니다. 이 애니어그램을 기초로 한 체크 문항으로 자신이 가장 중요하게 여기는 '동기'와 '가치관'을 찾아보세요. 이 '아홉 개의 유형'에는 우열이 없으며 모든 유형이 나름 멋진 개성을 가지고 있습니다.

● 유형을 알면 자신의 다양한 행동과 경향도 알 수 있다!

★ 내가 행복감을 느끼기 위해 필요한 조건

★ 나에게 동기부여를 주기 위해서는 어떻게 하면 좋을까?

★ 스트레스가 쌓여 있을 때 하기 쉬운 행동

★ 연애, 인간관계에서 빠지기 쉬운 경향 체크

다음 페이지에서 진행하는 진단 테스트를 통해 나의 유형을 찾게 되면, 내가 어떠한 재능을 가지고 있는지 알 수 있습니다. 그리고 위의 네 가지 행동에 대해서도 알 수 있지요.

이 유형이라는 건 시간에 따라 달라지는 게 아니라, 일평생 변하지 않습니다. 이 테스트에서 자신의 유형을 찾게 되면 분명 어깨 힘이 스르륵 풀리는 듯한 안도감을 느끼게 될 겁니다. 하지만 자신을 짐작할 수 있는 문장들이 또렷이 기재되어 간혹 자기혐오에 빠지는 사람도 있지요. 만약 그러한 감정을 느낀다 해도, 결코 마이너스가 아닙니다. 나 자신을 알고 성장시키기 위한 호전반응이 일어난 상태이므로 솔직한 나에게 자신을 가지길 바랍니다.

진단 방법은 간단합니다. 20세 전후의 내가 되어, 진단표를 체크해보세요.

(앗, 20세 이하의 미성년자 분들은 현재 나이를 바탕으로 대답해 주시고요~!)

과연 나는 어떤 유형일까?
아홉 개의 성격 진단 체크

1
- ☐ 이왕 할 바에는 100점을 목표로 잡는다.
- ☐ 규칙이나 매너를 지키지 않는 사람에게는 짜증이 난다.
- ☐ 상대방이 지각하면 '무책임한 사람'이라고 느낀다.
- ☐ 너무 열심히 일한다거나, 완벽주의 성향으로 흐르기 쉽다.
- ☐ 이상을 이루고자 노력한 나머지, 비판적으로 변하기 쉽다.
- ☐ 사람으로서 마땅히 올바른 행동을 해야 한다고 생각한다.

4
- ☐ 나에게는 부족한 부분이 있다고 생각한다.
- ☐ 협력보다는 내 개성이 압도적으로 중요하다.
- ☐ 사람들에게 '과장되었다'는 말을 듣는 경우가 있다.
- ☐ 다른 사람들보다 쉽게 상처받고, 쉽게 오해받는다고 느낀다.
- ☐ 저렴해 보이는 것, 대중적인 것들을 경멸하는 경향이 있다.
- ☐ 주변에 맞춰 내 감정에 거짓말을 늘어놓는 일은 싫다.

2
- ☐ 받는 것보다는 주는 게 더 좋다.
- ☐ 다른 사람이 무엇을 바라는지를 알 수 있다.
- ☐ 상대를 기쁘게 하기 위해, 자주 사탕발림을 하는 편이다.
- ☐ 선의를 당연하다는 듯 받아들이면 화가 난다.
- ☐ 가끔은 슬프고 고독한 기분에 빠진다.
- ☐ '사람들이 미소 짓는 얼굴로 있었으면 좋겠다'고 항상 생각한다.

5
- ☐ 감정을 잘 표현하지 못하고, 다른 사람들 눈에 띄고 싶지 않다.
- ☐ 다른 사람들과 있는 것보다는 혼자서 시간을 보내는 게 더 좋다.
- ☐ 사람들에게 기대 받는 게 익숙하지 않다.
- ☐ 항상 모든 일이나 사물의 체계가 궁금해진다.
- ☐ 별 도움이 되지 않을 것 같은 지식들을 쌓아두는 게 좋다.
- ☐ 사람들과 만나면 힘이 빠져서 그 반작용으로 방에 틀어박히게 된다.

3
- ☐ 일을 효율적으로 소화해내고 싶다.
- ☐ 주변 사람들에게 노력하는 모습을 보이고 싶지 않다.
- ☐ 일도 외모도, 센스도 다 좋기를 바란다.
- ☐ 솔직히 쉬는 날이 좋지는 않다. 항상 움직이고 싶다.
- ☐ 내 진짜 모습이 알려져 환멸을 느낄까 걱정이다.
- ☐ 첫 만남에서 상대방이 어떻게 하면 좋아할지 자연스럽게 알 수 있다.

6
- ☐ 최악의 사태를 상상해 불안해지는 경우가 자주 있다.
- ☐ 동료들에게 신뢰받는 일이 무엇보다 기쁘다.
- ☐ 책임감이 강하고, 다른 사람의 지시에 따라 움직이기를 잘한다.
- ☐ 조심성이 많으며, 사람을 쉽게 믿지 않는 편이다.
- ☐ 너무 심각하게 받아들이는 경우가 많다는 얘기를 듣는 때가 종종 있다.
- ☐ 불안감을 해소하기 위해 꼼꼼히 준비하거나 조사를 한다.

▶ 아래 아홉 개 블록에 쓰여 있는 질문에 모두 답하고 해당 문항에 체크가 끝나면, 각각 채점해 주세요.

7

- ☐ 중심이 되어 모두를 웃게 하는 일이 좋다.
- ☐ 항상 자극적이며 두근거릴만한 일들을 원한다.
- ☐ 심각한 이야기나 무거운 상담 내용을 듣는 일에 능숙하지 않다.
- ☐ 집에 가만히 있는 것보다 밖에 나가는 게 좋다.
- ☐ 새로운 것이 적당하고 좋다. 자주 질리는 경향이 있다.
- ☐ 아이디어는 많지만, 세세한 면까지 생각하는 일은 서투른 편이다.

8

- ☐ 다른 사람이 나를 의지하면, 돌봐주고 싶은 마음이 든다.
- ☐ 완강하여, 역경이 있을수록 불타오르기 쉽다.
- ☐ 호의를 얻는 것보다, 존경 받는 편이 기쁘다.
- ☐ 배신당하기 싫어, 다른 사람을 거부하는 경우가 있다.
- ☐ 험담하는 것은 공정하지 않으니, 본인에게 직접 전달한다.
- ☐ 모임의 분위기를 내가 주도하게 되면 마음이 편하다.

9

- ☐ 내가 결정하는 것보다 다른 사람이 이끌어주기를 원한다.
- ☐ 귀찮다고 느끼는 일은 뒤로 미루는 경향이 많다.
- ☐ 편안하게 느긋이 시간을 보내는 게 좋다.
- ☐ 나 자신을 위해서가 아닌 남을 위할 때가 힘이 난다.
- ☐ 무엇보다 남이 재촉하는 게 질색이다.
- ☐ 흥미가 없는 이야기를 들으면, 건성으로 듣게 된다.

▶ 각각 해당되는 항목의 개수를 적어보세요

득점표

1	
2	
3	
4	
5	
6	
7	
8	
9	

아홉 개의 성격 진단 결과표

유형	기본 성격
1 완벽주의자	'항상 올바른 상태를 유지하고 싶다'는 게 동기. 금욕적-자율적이고 정리 정돈을 좋아하는 똑부러진 성격. 흐트러짐을 싫어하고 비판적이며 '해야 한다'는 마음의 소리로 인해 유연성은 부족하다. 일단 성실한 것이 원칙이 며, 부정한 일을 용서하지 않는 정의감으로 넘치는 성격이다.
2 박애주의자	'친절하게 행동해 사랑 받고 싶다'는 게 동기. 온화하고 관용적이며, 타인을 배려하는 게 특기. 우호적이고 붙임성이 좋으면서도, 질투심이 많으며 소유욕이 강하다. 타인이 고마워하지 않으면 친절하게 행동하고 싶은 마음이 싹 사라진다. 보살펴주는 걸 좋아하며 의존적이고 애정이 깊다.
3 엘리트	'성공하여 멋있는 사람으로 인정받고 싶다'는 게 동기. 생산적이고 정열적이며 높은 목표를 세우는 노력가. 일중독자. 근면하고 유능한 유형으로 자기기만적, 결과지향적 경향, 무의식적으로 자기자랑이나 남보다 우위에 서려는 경향도 있다. 멋을 추구하는 성격이다.
4 예술가	'평범하지 않은 특별한 존재로 있고 싶다'는 게 동기. 개성을 중시하고 감정 기복이 심하다. 다른 사람들은 자신을 이해하지 못한다고 느낀다. 흔한 것이나 대중적인 것들은 싫어하며, 애수나 고독에 끌린다. 협력하려는 마음이 없다. 자기 자신의 기분에 충실하다.
5 연구가	'지식을 쌓고 혼자 있고 싶다'는 게 동기. 쓸모없는 지식이라도 쌓아두고 싶어 한다. 될 수 있으면 방관자로 있는 게 좋다. 무서운 세상이니 프라이버시는 철저하게 지키고 싶다. 주변 사람들이 바보 같다. 냉정하며, 두뇌 이외에는 자신이 없다.
6 합리주의자	'주위 사람들에게 신뢰받고 싶다'는 게 동기. 걱정이 많고 부정적이며, 경계심이 강해 안전을 추구한다. 커다란 힘이나 조직에게 보호받고 싶어 한다. 프로세스나 지시에 정확히 따르는 게 특기. 책임감이나 협력하려는 경향이 있다. 의심이 많지만 정의로운 성격이다.
7 낙천가	'항상 행복하게 있고 싶다'는 게 동기. 세계에는 다양한 가능성이 있다고 생각하며, 기회를 잡아 하루하루를 즐겁게 보내고 싶어 한다. 호기심이 왕성하고, 미소가 끊이지 않는다. 자유로우며 항상 명랑하다. 반면 자기중심적이고 책임감이 약하며 때로는 각박할 때가 있다.
8 권력자	'누구보다 강한 힘을 지니고 싶다'는 게 동기. 여장부/대장부 같은 느낌에 용감하며 역경에도 굴하지 않고 맞서는 성격이다. 자존심이 강하고 무뚝뚝하다. 타인을 잘 돌보며, 솔직하고 잔머리를 굴리지 않는다. 스스로의 약함을 무서워하지 않는다. 공격적이며, 지배욕이 강하다.
9 평화주의자	'귀찮은 것을 피하고 평온한 상태로 있고 싶다'는 게 동기. 남에게 맞추려 하며, 타인과 하나가 되어 안정감을 느끼고 싶어 한다. 피곤할 때에는 피하고 싶어 하며 편안히 있기를 원한다. 바로 귀찮다고 생각하는 경향이 있다. 완고하고 자기 페이스대로 살지만, 타인의 의견을 우선으로 한다.

▶ 아래 표는 이전 페이지에서 가장 많이 체크했던 항목의 결과입니다. 체크 수가 같은 경우에는, 조금 더 자신에게 가깝다고 생각되는 결과가 당신의 유형입니다. 아래 아홉 개 블록에 쓰여 있는 질문에 모두 답하고 해당 문항에 체크가 끝나면, 각각 채점해 주세요.

인간 관계 패턴

정직하고, 자율적인 성격으로 인해 주변 사람들에게는 '올곧은 사람' 내지 '고지식한 사람'으로 비춰질 수 있어요. 자기 자신에게 핑계대지 않고, 자제력이 있는 노력이 유형이지만, 항상 100점만 목표로 하기 때문에 계획대로 일이 진행되지 않았을 때에는 남의 부족함을 탓하며 비판적인 태도를 보이기 쉽습니다. 100점이 아니어도 괜찮아요. 그리고 모든 일은 한 가지 방법 말고도 대안이 얼마든지 있다는 걸 마음속에 새겨 두세요.

우호적이며 붙임성이 좋아 항상 주변 사람들을 배려하는 당신. 군중 속에서 한 사람이라도 어두운 얼굴을 하고 있으면 그대로 놔둘 수 없는 상냥한 성격의 소유자입니다. 숨은 공로자 역할을 하기 때문에 주변 사람들이 감사하고 있지만, '고마워'라는 말을 듣지 못할 때에는 내심 이해하기 힘들다고 느끼며, 상대방에게 필요 이상으로 정성을 베풀어 '나 없인 넌 아무것도 못할 거야'하는 상호의존적 관계 속에 상대방을 묶어두려고 합니다.

사교적이며 세련되어 매력적인 당신은 남녀불문하고 첫 만남에서 상대방에게 좋은 인상을 주는 사람입니다. 당신은 외면과 '진정한 내 모습'이 다르다는 걸 분명히 알고 있을 겁니다. 굉장히 합리적이며, 결과를 위해서라면 타인을 도구로 취급할 수도 있는 냉철함을 가지고 있지만, 본인은 그 냉철함을 인정하지 않는 경향이 있지요. 카리스마 있는 성격으로 추종자나 후배들을 이끄는 매력의 소유자입니다.

독특한 감성과 기발한 발상의 소유자로 자신의 생각으로는 '이유'가 합당한 행동이라 할지라도 주변 사람들이 보기에는 이상하다는 인상을 주게 됩니다. 좋고 싫음이 분명하며 비슷한 세계관을 가지면서 자신을 이해해주는 사람을 찾곤 합니다. 상처 받기 쉽고 부끄러움이 많아서, 첫 만남에서 조용한 모습을 보이지만 주변에서 보기에는 점잖은 척하는 것처럼 보이는 경우가 있습니다.

주위에 아랑곳하지 않고 침착하며, 주변의 권유에 쉽게 반응하지 않습니다. 주변 사람들에게는 '냉정하고 박식한 사람'이란 인상을 주지요. 남들보다 자신이 뒤떨어진다는 느낌을 받고 있을지 모르지만, 주변 사람들에게는 그저 침착한 사람으로 보입니다. 비밀을 잘 지키기 때문에 알고 있는 사실이 화제로 떠올라도 굳이 입 밖으로 꺼내지 않고, 남들보다 우위에 서려고 하지 않습니다. 다른 사람과 함께 오래 있는 것에 서툴러 혼자 있기를 좋아합니다.

도덕을 소중히 여기고 제멋대로 행동하지 않는 당신은 '견실하고 성실한 사람'이나 '걱정이 많고 조용한 사람'으로 보입니다. 협조를 잘하는 성격에 기본적으로 조직의 규칙이나 신념에 순종적이지만, 안정을 위협받는다고 느꼈을 땐 공격적인 자세를 취하는 경우가 있습니다. 걱정이 너무 많은 탓에 끊임없이 세심한 질문을 하여 분위기를 해치는 때도 있지만, 기본적으로는 친절하고 성실한 인상을 주는 사람입니다.

활발하며 항상 미소를 짓고 자유분방한 당신은 '밝은 사람'이라는 이미지를 심어줍니다. 두뇌 회전과 처신이 빨라서, 다른 사람에게 부탁하느니 자기가 직접 처리하는 게 빠르다고 생각하여 곧바로 행동에 옮기는 경우가 있으나, 금방 질리는 성격으로 세세한 부분까지 계속 집중하는 데는 서투릅니다. 장기 계획이나 속박 등 자유를 구속하는 일은 싫어하기 때문에 책임감 없는 사람이라는 인상을 주는 경우도 있습니다. 인간관계에 있어서는 칼 같은 성격!

모임의 분위기를 누가 주도하는지 신경 쓰며, 적과 아군을 구분하는 당신은 '언뜻 보기에는 무뚝뚝하고 강해 보이지만 의지가 되는 사람'입니다. 여장부/대장부 기질이 있어 버팀목 같은 존재지만, 실은 상처받기 쉬운 섬세한 면도 있습니다. 인간적으로는 솔직한 성격으로 어려움에 굴하지 않고 정면으로 맞서며, 공평하지 않다고 생각되거나 납득할 수 없는 일에 대해서는 확실히 말을 하는 성격입니다. 후배들을 생각하며 잘 돌봐주는 유형이기도 하죠.

상대방이 무엇을 바라는지 생각하며 남의 의견을 존중합니다. 사리사욕이 없고 느긋한 당신은 그야말로 '힐링'과 같은 존재입니다. 귀찮은 일과 재촉 받는 일을 싫어하며, 완강한 면도 있습니다. 자기 자신을 위해서가 아닌, 다른 사람을 위하는 일에 보람을 더 느낍니다. 하지만 주변 사람들에게 너무 맞춰주다 보니 '자아'를 잃어버리는 경우도 있습니다. 자기주장이 없는 온화한 성격이기 때문에 자연스럽게 주변 사람들이 많아지는 유형입니다.

나의 성장으로 이어지는 '동기'를 대하는 방법

나는

_____ 한 유형

이제 당신의 성격을 알았나요? 각 유형이 갖는 동기는 각 성격의 특징이기도 하지만, 여기에서 주의해야 할 점은 그 동기에 너무 붙들린다는 사실입니다. 예를 들면, 1번 완벽주의자에게는 '항상 올바른 상태를 유지하고 싶다'는 동기가 있습니다. 당연히 행동에도 그 동기가 반영되기 때문에, 주변 사람들이 보기에는 '정의감이 강한 완벽주의자'로 보이겠죠. 하지만 본인의 마음속에서는 '올바른 상태를 유지한다'는 것에 계속 신경 쓰다 보니, 이미 바른 행동을 하고 있음에도 불구하고, '좀 더 옳은 일을 해야 해'하며 도를 넘어서는 경우가 있습니다. 이는 어떤 유형이든 '주변 사람들이 나를 인정하지 않을지도 몰라'하는 자존감(자신이라는 존재는 정말로 중요한가)이 충족되지 않을 때, 그 유형이 갖는 동기에 갇혀버리는 겁니다. 이게 스트레스로 돌아오고, 고민거리로 이어지게 되는 거죠. 그렇기 때문에 각 유형이 갖는 '동기'와 올바르게 마주서는 게 중요한 일입니다.

다음의 표는 각 유형들이 한층 더 성장하는 데 도움이 되는 소중한 문구입니다. 이 글귀들을 마음속에 새기면 자신이 놓치기 쉬운 해방감과 자기긍정을 되찾을 수 있게 될 것입니다. 당신이 성장할 수 있는 계기도 되는 거죠.

1. **완벽주의자**
   '무언가를 해야 한다'는 마음에 얽매이지 말고, 나 스스로 즐겨라.

2. **박애주의자**
   너무 많은 걸 주지 말고, 내 기분에도 눈을 돌려라.

3. **엘리트**
   감정을 소홀히 하지 말고, 자신의 본 모습을 인정하라.

4. **예술가**
   감정에 휩쓸리지 말고, 약속과 계획에 따라 행동하라.

5. **연구가**
   지나치게 생각하지 말고, 일단 행동으로 옮겨라.

6. **합리주의자**
   어떻게든 될 거라고 믿고, 불안에 떨지 말고 마음껏 행동하라.

7. **낙천가**
   자극을 찾지 말고, 안정적으로 침착히 생각하라.

8. **권력자**
   타인을 북돋우며 그의 능력을 이끌어내라.

9. **평화주의자**
   욕구를 가지고 목표를 세워, 성과를 추구하라.

나는

_____ 하는 걸

소중히 여긴다!

프라이버시도 즐길 수 있도록 관리하자

철학은 '여가가 있었기에 발전할 수 있었다'고 합니다. 악착같이 일만 하며, 자신에 대해 곰곰이 생각해볼 여유가 없었다면, 철학은 발전하지 못했겠죠. 실지로 과거 철학자들 중에는 오늘날 니트족 같은 사람들도 많이 있습니다. 본 철학수첩은 일 뿐만 아니라, '여가'도 즐길 수 있도록 스케줄 항목이 구분되어 있습니다. 일상 업무뿐 아니라 개인 시간도 전념할 수 있도록 일과 삶의 균형을 중시한 다이어리니까, 여가도 소중히 생각해서 1년 일정을 세워보세요! 월간 페이지에는 그 달의 미션과 관련된 철학자의 격언, 그리고 '이번 달에 해보고 싶은 일'을 적는 칸도 만들어 두었습니다. 목표가 아니어도 괜찮으니, 그 달이 시작할 때쯤 적어보세요!

이번 달에는
1박 2일
온천여행도 일정에
넣어볼까?

	월 Monday	**화** Tuesday	**수** Wednesday	**목** Thursday	**금** Friday	**토** Saturday	**일** Sunday
1월 January							
철학명언							
악랄함은 행동이 아닌 습관에서 나온다. — 아리스토텔레스							
이번 달에 하고 싶은 일							

가슴 속에 격언을 새기고
철학 습관을 들이자

주간 페이지는 상단에는 업무, 하단에는 여가 계획을 메모할 수 있게끔 일과 삶의 균형을 중시한 디자인으로 되어있습니다. 자신의 시간을 소중히 할 수 있도록 일부러 시간축은 넣어두지 않았으니, 자유롭게 계획들을 메모해보세요. 그리고 주간 페이지에는 철학자의 명언 및 그와 관련된 칼럼도 싣고 있는데요. 문장들을 읽고 자신의 생각을 자유롭게 빈 칸에 적어보세요. 문장은 단지 읽는게 아니라 내 나름대로 생각하고 나만의 해석으로 맞춰나가면서 비로소 나만의 문장으로 만들 수 있는 것입니다. 격언을 읽고 문득 깨달은 일이나, 당신의 경험과 겹치는 기억이 스쳐 지나간다면, 주저하지 말고 자유롭게 적어나가보세요. 그러다 보면 '철학하는' 습관이 몸에 밸 수 있을 거예요.

이번 주는 어떤 것들을 깨닫게 될까?

	월 Monday	화 Tuesday	수 Wednesday	목 Thursday	금 Friday	토 Saturday	일 Sunday
1월 January Weekly 공주의 메모							

철학격언 희망으로 살아가는 자는 항상 웃고,

월 Monday	화 Tuesday	수 Wednesday

10 월

october

철학명언

그게 어떤 것이든, 너의 장
점이 행복으로 이끌어준다.

— 버트런드 러셀

이번 달에 하고 싶은 일

- ●
- ●
- ●

목 Thursday	금 Friday	토 Saturday	일 Sunday

월 Monday	화 Tuesday	수 Wednesday

11월

November

철학명언

내가 무엇을 할 수 있는
지는 다른 누구도 아닌 나
자신밖에 모른다.

— 랄프 왈도 에머슨

이번 달에 하고 싶은 일

- ●
- ●
- ●

목 Thursday	금 Friday	토 Saturday	일 Sunday

월 Monday	화 Tuesday	수 Wednesday

12 월

December

철학명언

말로 포기하는 자는 현실 속에서도 포기한다.

— 지그문트 프로이트

이번 달에 하고 싶은 일

- ●
- ●
- ●

목 Thursday	금 Friday	토 Saturday	일 Sunday

2018

1 January
월	화	수	목	금	토	일
1	2	3	4	5	6	7
8	9	10	11	12	13	14
15	16	17	18	19	20	21
22	23	24	25	26	27	28
29	30	31				

2 February
월	화	수	목	금	토	일
			1	2	3	4
5	6	7	8	9	10	11
12	13	14	15	16	17	18
19	20	21	22	23	24	25
26	27	28				

3 March
월	화	수	목	금	토	일
			1	2	3	4
5	6	7	8	9	10	11
12	13	14	15	16	17	18
19	20	21	22	23	24	25
26	27	28	29	30	31	

4 April
월	화	수	목	금	토	일
						1
2	3	4	5	6	7	8
9	10	11	12	13	14	15
16	17	18	19	20	21	22
23	24	25	26	27	28	29
30						

5 May
월	화	수	목	금	토	일
	1	2	3	4	5	6
7	8	9	10	11	12	13
14	15	16	17	18	19	20
21	22	23	24	25	26	27
28	29	30	31			

6 June
월	화	수	목	금	토	일
				1	2	3
4	5	6	7	8	9	10
11	12	13	14	15	16	17
18	19	20	21	22	23	24
25	26	27	28	29	30	

7 July
월	화	수	목	금	토	일
						1
2	3	4	5	6	7	8
9	10	11	12	13	14	15
16	17	18	19	20	21	22
23	24	25	26	27	28	29
30	31					

8 August
월	화	수	목	금	토	일
		1	2	3	4	5
6	7	8	9	10	11	12
13	14	15	16	17	18	19
20	21	22	23	24	25	26
27	28	29	30	31		

9 September
월	화	수	목	금	토	일
					1	2
3	4	5	6	7	8	9
10	11	12	13	14	15	16
17	18	19	20	21	22	23
24	25	26	27	28	29	30

10 October
월	화	수	목	금	토	일
1	2	3	4	5	6	7
8	9	10	11	12	13	14
15	16	17	18	19	20	21
22	23	24	25	26	27	28
29	30	31				

11 November
월	화	수	목	금	토	일
			1	2	3	4
5	6	7	8	9	10	11
12	13	14	15	16	17	18
19	20	21	22	23	24	25
26	27	28	29	30		

12 December
월	화	수	목	금	토	일
					1	2
3	4	5	6	7	8	9
10	11	12	13	14	15	16
17	18	19	20	21	22	23
24	25	26	27	28	29	30
31						

2019

1 January

월	화	수	목	금	토	일
	1	2	3	4	5	6
7	8	9	10	11	12	13
14	15	16	17	18	19	20
21	22	23	24	25	26	27
28	29	30	31			

2 February

월	화	수	목	금	토	일
				1	2	3
4	5	6	7	8	9	10
11	12	13	14	15	16	17
18	19	20	21	22	23	24
25	26	27	28			

3 March

월	화	수	목	금	토	일
				1	2	3
4	5	6	7	8	9	10
11	12	13	14	15	16	17
18	19	20	21	22	23	24
25	26	27	28	29	30	31

4 April

월	화	수	목	금	토	일
1	2	3	4	5	6	7
8	9	10	11	12	13	14
15	16	17	18	19	20	21
22	23	24	25	26	27	28
29	30					

5 May

월	화	수	목	금	토	일
		1	2	3	4	5
6	7	8	9	10	11	12
13	14	15	16	17	18	19
20	21	22	23	24	25	26
27	28	29	30	31		

6 June

월	화	수	목	금	토	일
					1	2
3	4	5	6	7	8	9
10	11	12	13	14	15	16
17	18	19	20	21	22	23
24	25	26	27	28	29	30

7 July

월	화	수	목	금	토	일
1	2	3	4	5	6	7
8	9	10	11	12	13	14
15	16	17	18	19	20	21
22	23	24	25	26	27	28
29	30	31				

8 August

월	화	수	목	금	토	일
			1	2	3	4
5	6	7	8	9	10	11
12	13	14	15	16	17	18
19	20	21	22	23	24	25
26	27	28	29	30	31	

9 September

월	화	수	목	금	토	일
						1
2	3	4	5	6	7	8
9	10	11	12	13	14	15
16	17	18	19	20	21	22
23	24	25	26	27	28	29
30						

10 October

월	화	수	목	금	토	일
	1	2	3	4	5	6
7	8	9	10	11	12	13
14	15	16	17	18	19	20
21	22	23	24	25	26	27
28	29	30	31			

11 November

월	화	수	목	금	토	일
				1	2	3
4	5	6	7	8	9	10
11	12	13	14	15	16	17
18	19	20	21	22	23	24
25	26	27	28	29	30	

12 December

월	화	수	목	금	토	일
						1
2	3	4	5	6	7	8
9	10	11	12	13	14	15
16	17	18	19	20	21	22
23	24	25	26	27	28	29
30	31					

월 Monday	화 Tuesday	수 Wednesday

1월
January

철학명언

탁월함은 행동이 아닌 습관에서 나온다.

— 아리스토텔레스

이번 달에 하고 싶은 일

-
-
-

목 Thursday	금 Friday	토 Saturday	일 Sunday

2월
February

	월 Monday	**화** Tuesday	**수** Wednesday

철학명언

불행하거나 불만을 느끼는 일은 어려운 일이 아니다. 남이 즐겁게 해주기를 기다리는 왕자처럼 가만히 앉아 있으면 되니까.

— 알랭

이번 달에 하고 싶은 일

- ●
- ●
- ●

목 Thursday	금 Friday	토 Saturday	일 Sunday

3 월
March

이번 달에 하고 싶은 일

-
-
-

목 Thursday	금 Friday	토 Saturday	일 Sunday

월 Monday	화 Tuesday	수 Wednesday

4 월
April

이번 달에 하고 싶은 일

-
-
-

목 Thursday	금 Friday	토 Saturday	일 Sunday

5월
May

월 Monday	화 Tuesday	수 Wednesday

철학명언

어느 한 사람에게 맞는 신발이라도, 다른 누군가에게는 작은 신발일 수 있다.

— 칼 구스타프 융

이번 달에 하고 싶은 일

-
-
-

목 Thursday	금 Friday	토 Saturday	일 Sunday

	월 Monday	화 Tuesday	수 Wednesday

6 월

June

철학명언

인간이란 알 수 없는 존재다. 자신이 가진 자유는 조금도 누리지 않으면서 타인이 가진 자유만 부러워한다.

— 쇠렌 키에르케고르

이번 달에 하고 싶은 일

●

●

●

목 Thursday	금 Friday	토 Saturday	일 Sunday

7월

July

	월 Monday	**화** Tuesday	**수** Wednesday

이번 달에 하고 싶은 일

-
-
-

목 Thursday	금 Friday	토 Saturday	일 Sunday

월 Monday	화 Tuesday	수 Wednesday

8 월
August

철학명언

사랑이란 더할 나위 없는
깨달음이다.

— 니시다 기타로

이번 달에 하고 싶은 일

-
-
-

목 Thursday	금 Friday	토 Saturday	일 Sunday

9월

September

철학명언

인생의 시간이란 생각하지 않는 자에게는 짧게 주어지지만, 생각하는 자에게는 길게 주어진다.

— 세네카

이번 달에 하고 싶은 일

-
-
-

월 Monday	화 Tuesday	수 Wednesday

목 Thursday	금 Friday	토 Saturday	일 Sunday

월 Monday	화 Tuesday	수 Wednesday

10 월

october

철학명언

강아지도 그냥 두면 제 집으로 돌아가는 것처럼, 불쾌감도 신경 쓰지 않으면 사라진다.

— 알랭

이번 달에 하고 싶은 일

- ●
- ●
- ●

목 Thursday	금 Friday	토 Saturday	일 Sunday

	월 Monday	화 Tuesday	수 Wednesday

11월
November

철학명언

인간은 여성으로 태어나는
게 아니라 여성으로 만들
어지는 것이다.

— 시몬 드 보부아르

이번 달에 하고 싶은 일

- ●
- ●
- ●

목 Thursday	금 Friday	토 Saturday	일 Sunday

12월

December

철학명언

어느 누구에게나 개성의
아름다움이 있다.

— 랄프 왈도 에머슨

이번 달에 하고 싶은 일

●

●

●

목 Thursday	금 Friday	토 Saturday	일 Sunday

1월

January

> " 탁월함은
> 행동이 아닌
> 습관에서 나온다 "

– 아리스토텔레스 (기원전 348–322)

"제비 한 마리가 눈에 띄었다고 봄이 온 것은 아니다." 철학자 아리스토텔레스의 말입니다. 한 번의 행동으로 모든 일이 좋아지거나 좋은 것을 만들어내기란 쉬운 일이 아닙니다. 멋진 결과는 일상 속에서 습관이 되어가는 도중에 만들어집니다. 마찬가지로, 자신의 인생을 반짝거리는 삶으로 만들기 위해서는 하루하루 기쁨이나 충실한 마음을 키워가야 합니다. 1월은 매일의 기쁨을 키워나가는 미션에 도전함으로써 당신의 내면에 잠들어 있는 '인생에 대한 사명감'을 깨워봅시다.

인생이 나에게 바라는 일은 무엇인가? 나의 사명감을 깨닫는 것이 행복의 길

'행복의 역설'이라는 말이 있습니다. 이는 부자가 된다고, 또는 욕망이 충족된다고 해서 행복해지는 게 아니라는 '행복'의 모순을 말하고 있습니다. 선진국보다 개발도상국 국민들의 행복도가 높다는 이야기를 들어본 적 있지요? 이처럼 개인의 행복으로 봐도 '자신의 욕망이 채워지는 것'만으로는 커다란 행복을 느낄 수가 없습니다. 그토록 바라던 남자친구가 생겼다든지, 갖고 싶었던 걸 손에 넣게 된다면, 일시적인 행복을 느낄 수는 있어도 이게 인생을 아름답게 비춰줄 만큼 커다란 행복감으로 연결되지는 않습니다.

● '욕망'보다 '자존감'을 갖는 편이 행복해지는 길

정신과 의사이기도 했던 철학자 프랭클이 말했지요. "인간은 인생에서 의미를 찾으려고 하지만, 그것보다는 인생이 자신에게 무엇을 바라고 있는지를 생각하는 게 중요하다." 인생이 자신에게 바라는 의미를 알게 되면 내 인생의 사명을 알 수 있습니다. 사명감은 자존감으로 이어져 결국 인생을 빛나게 해줄 에너지로 탄생하게 됩니다. 즉, 자존감을 가지는 편이 찬란한 행복감을 가질 수 있다는 이야기가 됩니다.

한 해의 계획은 새해 첫날에 세워진다는 말도 있지요. 이번 달에는, 프랭클의 심리학 글귀를 통해 인생이 자신에게 무엇을 바라는지 탐구해보세요. 자신의 인생 속에서 누군가에게 해줄 수 있는 일은 무엇이 있을까요? 사소한 일이여도, 장대한 꿈이라도 괜찮아요. 당신은 누군가를 어떻게 기쁘게 해주고 싶나요? 여기에서 발견한 해답을 매일 아침 자신의 목소리로 읽는 습관을 들여보세요. 매일매일 나를 더 소중한 존재로 만들어나갈 수 있답니다.

● 나의 사명을 알 수 있는 글귀

▶ 그래서 나는 지금 무엇을 해야 하는 것일까?
생각나는 대로 적어보세요.

▶ 나를 진정으로 필요로 하는 사람은 어떤 사람일까?
또 그 사람은 어디에 있을까?

▶ 그 누군가 혹은 무언가를 위해서 내가 할 수 있는 일은 무엇이 있을까?

월 Monday	**화** Tuesday	**수** Wednesday

1월
January

Weekly
금주의 메모

철학명언 희망으로 살아가는 자는 항상 젊다.

— 미키 키요시

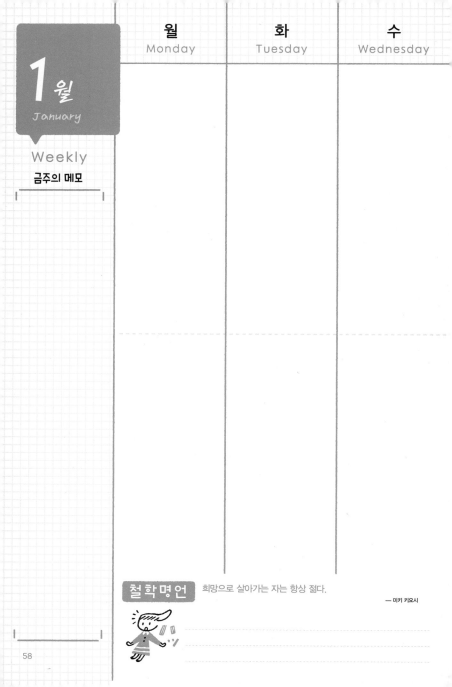

목	금	토	일
Thursday	Friday	Saturday	Sunday

젊을 때에는 마음속에 희망으로 가득 찬 상상화를 그립니다. 하지만 나이가 들면서 그 상상화는 추억으로 가득 차게 됩니다. 희망으로 가슴이 뛸까? 아니면 추억으로 가슴이 뛸까? 정신적인 젊음의 정도에 따라 커다란 차이가 생기겠지요.

	월 Monday	화 Tuesday	수 Wednesday

Weekly

금주의 메모

철학명언 | 인간은 행동을 약속할 수는 있지만, 감정을 약속할 수는 없다.
— 프리드리히 니체

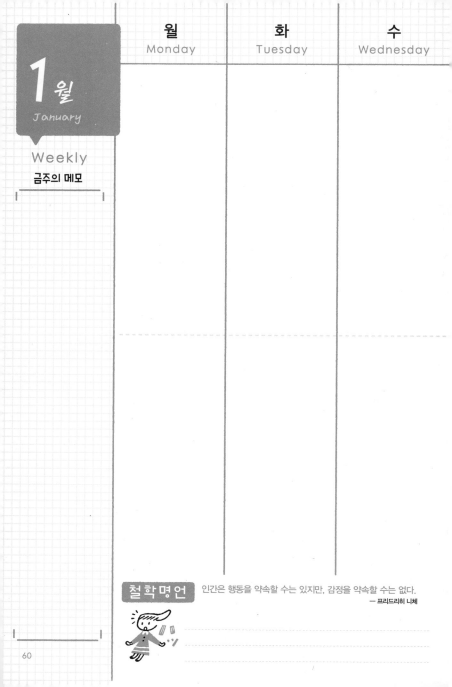

목 Thursday	금 Friday	토 Saturday	일 Sunday

감정은 늘 변하기 때문에, 좋아하는 감정이 영원히 지속될 거라는 마음은 약속할 수 없지만 '소중히 한다'는 다짐은 약속할 수 있습니다. 성의를 가지고 행동할 거라는 다짐의 행동은 약속할 수 있죠.

월 Monday	화 Tuesday	수 Wednesday

1월

January

철학명언 사랑은 능동적인 활동이다.

— 에리히 프롬

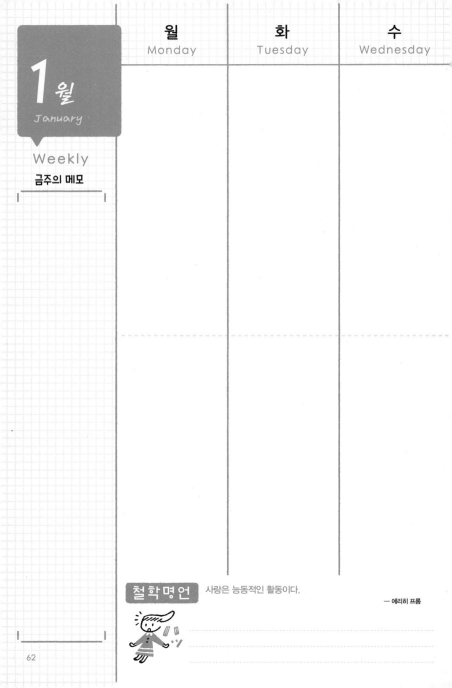

목 Thursday	금 Friday	토 Saturday	일 Sunday

누군가를 사랑한다는 건 단순한 감정의 결의이자 약속이다. 좋아하는 감정처럼 자연스럽게 빠져드는 게 아닌, 상대방을 고독에서 치유해주고자 하는 각오가 있는 것이다.

1월
January

Weekly

금주의 메모

철학명언

마음에 깊은 상처를 받았다고 느껴질 때에는 다른 사람과의
만남을 피하는 것이 좋다.

— 칼 힐티

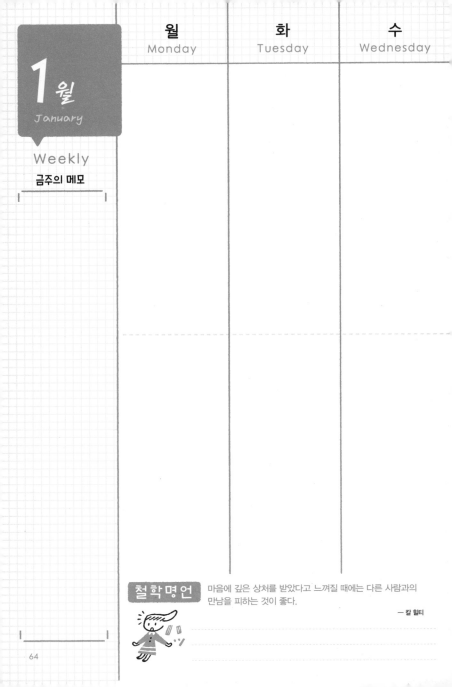

목 Thursday	금 Friday	토 Saturday	일 Sunday

마음 속 깊은 상처는 다른 사람이 치유해줄 수 있는 것이 아닙니다. 상처를 받았을 때에는 혼자만의 시간을 가진다거나 신에게 기도하며 마음을 다스리는 것이 중요합니다. 우선 마음을 다스린 후에 다른 사람의 도움을 받는 것이 어떨까요?

	월 Monday	화 Tuesday	수 Wednesday

1월
January

Weekly

금주의 메모

철학명언 사람들은 자기 자신을 견디는 것에 어려움을 느낀다.
— 프리드리히 니체

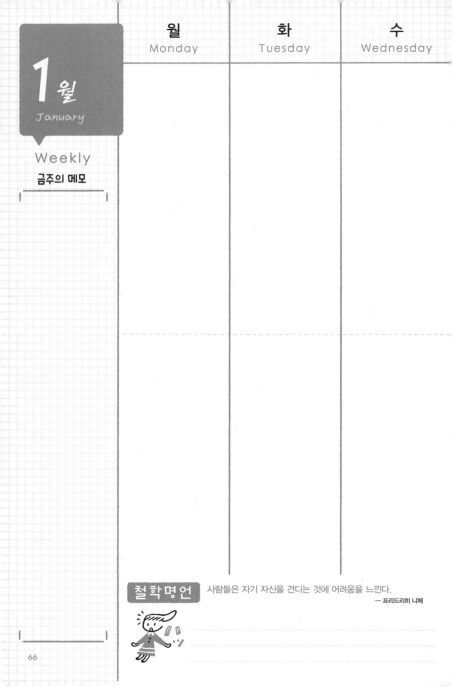

목 Thursday	금 Friday	토 Saturday	일 Sunday

혼자 있는 걸 견딜 수 있는 사람은 많지 않습니다. 혼자 있는 것보다 다른 사람과 함께 있는 게 편하다고
느껴질 때, 사람은 타인과 만날 수 있는 자리로 발걸음을 옮기지요. 혼자만의 시간을 만들어 혼자 있는
것을 즐길 수 있도록 마음을 다스려보세요.

2월

February

불행이나 불만을 느끼는 일은
어려운 일이 아니다.
남이 즐겁게 해주기를 기다리는 왕자
처럼 가만히 앉아 있으면 되니까.”

- 알랭(1868-1951)

'행복해서 웃는 게 아니라, 웃으니까 행복한 것이다.' —— 칼럼니스트이자 철학자인 알랭은 "행복은 기다린다고 해서 자연스럽게 찾아오는 게 아니라, 자신의 의지로 만들 수 있는 것"이라고 생각했습니다. 가령 술자리에 참석했을 때 '재미없다'고 느끼는 순간, 애초에 그 자리를 즐기려는 의욕은 사라지게 됩니다. 이처럼 어떤 기분 나쁜 일이 생겼을 때 불평, 불만을 꺼내는 것만으로도 기분은 바닥을 치게 되고, 이게 원인이 되어 또 다른 불행을 불러오기도 하죠. 2월에는 불행과 불만을 기쁨으로 바꾸는 미션을 실행해볼까요?

'행복해질 수 있는 비결' 깨닫기

인간은 감정의 흐름에 자신을 맡기면 비관적으로 변하게 됩니다. "인간은 본래부터 비관적으로 변하기 쉬운 존재기 때문에 의지와 행동의 힘으로 낙천적인 사고를 하자"는 게 철학자 알랭의 생각이기도 했습니다. 실제로 바닥을 보며 터덜터덜 걸어가는 행동같이 '우울할 때 자연스럽게 나오는 자세'를 취하게 되면, 인간의 뇌는 '지금은 우울한 상태구나' 착각을 해버려 슬픈 기분에 빠지게 된다고 사회심리학자나 뇌과학자들이 주장할 정도입니다.

그리고 수학과 물리학의 천재이기도 했던 철학자 파스칼은 "사람이 피곤하다고 느낄 때는 정말로 피곤한 상태가 아니라 열정이 부족한 상태인 경우가 많다"고 했습니다. 다시 말해, '열중할 수 있는 일이나 심장이 마구 뛸 만한 일이 무엇이 있는지' 알고, 그 일을 행동으로 옮기게 되면 부정적이었던 기분을 날려버릴 수 있다는 거죠. 부정적인 상태에 빠졌을 때에는 '왠지 만사가 귀찮다'고 느끼며 실행을 쉽게 나중으로 미루게 되는데요. 신체와 정신은 연결되어 있기 때문에 기분이 내키지 않아도 일단은 신체를 바로 잡아 행동으로 옮기는 게 중요합니다.

2월의 글귀를 통해서는 '마음이 두근거리는 행동', '가슴 뛰고 설레는 행동'들이 무엇인지 작성해보세요. 지금까지 경험했던 일이나, 아직 경험하지는 못했지만 앞으로 하고 싶은 일들을 망설이지 말고 적어보세요.

(예) 아침에 빨리 일어나 맛있는 아침식사를 하러 가는 것!
    동물들이 자유롭게 노니는 사파리 파크에 가보고 싶어!

● 마음이 두근거리고 설레는 행동을 10개 적어볼까요?

1.
_____

2.
_____

3.
_____

4.
_____

5.
_____

6.
_____

7.
_____

8.
_____

9.
_____

10.
_____

※ 아직 시작은 못했지만 할 수 있다면 올해 안으로는 해보고 싶다고 생각되는 일에 ○를 그
   려 꼭 행동으로 옮겨보세요!

월 Monday	화 Tuesday	수 Wednesday

2 월
February

Weekly

금주의 메모

철학명언 행복은 대부분의 남녀에게 선물처럼 찾아오는 존재가 아니라
달성되어야 하는 대상이다.

— 버트런드 러셀

목 Thursday	금 Friday	토 Saturday	일 Sunday

자신의 일은 열심히 하지만, 가정과 관련된 일도 똑같이 노력하는 사람은 그리 많지 않습니다. 남녀관계도 마찬가지로 자연스럽게 좋아질 거라고 생각하는 것보다 서로 노력하며 함께 걸어 나가는 게 중요합니다.

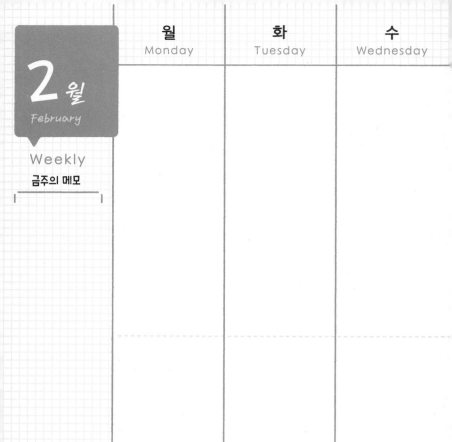

월 Monday	화 Tuesday	수 Wednesday

2 월
February

Weekly

금주의 메모

철학명언 시기를 피할 수 있는 가장 좋은 방법은 성공에 걸맞은 사람이
되는 것이다.

— 아리스토텔레스

목 Thursday	금 Friday	토 Saturday	일 Sunday

우리는 성공한 사람들을 시기합니다. 그 중에서도 대수롭지 않은 일을 한 것처럼 보이거나 불행한 **일을** 겪어보지 않은 사람들이 성공하는 걸 볼 때, 더욱 질투를 느끼곤 합니다. 시기를 피하기 위한 방법은 '성 공에 걸맞은 사람'의 행동을 항상 마음에 새겨두는 일입니다.

	월 Monday	**화** Tuesday	**수** Wednesday

2월
February

Weekly
금주의 메모

철학명언 하루하루가 그대에게 마지막 날이라고 생각하라.

— 몽테뉴

목 Thursday	금 Friday	토 Saturday	일 Sunday

오늘이 인생에서 마지막 날이라고 생각하고 후회 없이 살아가다 보면, 어김없이 찾아오는 내일은 그대에게 새로운 선물이 됩니다. 나중으로 미루는 습관은 오늘을 없애고 내일을 낭비하는 행동입니다. 오늘할 수 있는 일은 오늘 끝내보세요.

	월 Monday	화 Tuesday	수 Wednesday

2월
February

Weekly
금주의 메모

철학명언 우리는 가르치면서 가장 많이 배운다.

— 세네카

목 Thursday	금 Friday	토 Saturday	일 Sunday

사람은 누군가를 가르치며 자신에 대해 몰랐던 것을 발견하거나 새롭게 인식하는 존재입니다. 누군가의 이야기를 들어주는 일 역시 마찬가지라 할 수 있죠. 다른 사람을 상담해주면서 자신의 내면에 새로운 발견이 싹트기 시작합니다.

월 Monday	화 Tuesday	수 Wednesday

2 월

February

Weekly

금주의 메모

철학명언 검은 옷을 입고 묵묵히 앉아 있으면, 어떤 여자라도 영리해 보인다.

— 프리드리히 니체

목 Thursday	금 Friday	토 Saturday	일 Sunday

여성에 대해서는 비판적인 태도를 보였던 니체가 쓴 '여자를 위한 일곱 개의 금언' 중의 한 문구입니다.
시크한 색의 옷을 걸치고, 과묵하게 있으면 지성적인 여자처럼 보인다고 합니다. 지성을 어필하고 싶을
때에는 꼭 실천해보세요.

3월
march

" 너무 적은 자극은
병적인 활동을 낳지만,
너무 많은 자극은
피폐함을 낳는다. "

— 버트런드 러셀(1872-1970)

열광할 만한 일이 전혀 없을 때에는 기분이 축 쳐지기 마련입니다. 하지만
매일매일 흥분할 만한 일이 많은 것 역시 피곤한 노릇이지요. 그리고 사람
에 따라서는 얼마만큼의 '열광'이 존재하는지에 따라 느끼는 안정감도 달
라집니다. 그 이유는 사람에 따라서 자신만의 공간이나 안정을 느끼는 라
이프스타일의 균형이 다르기 때문입니다. 당신이 안정감을 느낄 수 있는
밸런스를 파악하여, 어떤 일에 좀 더 힘을 쏟으면 좋을지 알아볼까요?
3월은 '나에게 있어 안정감을 느끼는 라이프스타일의 밸런스'라는 미션부
터 시작해 보겠습니다.

예를 들어 어느 파티에 참석했을 때를 상상해보세요. 파티 장소의 분위기나 향기를 가장 먼저 궁금해 하는 사람이 있는가 하면, '오늘은 아무개가 왔을까?' 하고 개인에게 관심을 두는 사람, 주변 사람들의 대화를 궁금해 하는 사람도 있습니다. 즉, 자신이 느끼는 편안함의 정도를 신경 쓰는 유형, 일대일 대인관계에서 오는 편안함을 신경 쓰는 유형, 장소의 전체적인 분위기에서 느껴지는 편안함을 신경 쓰는 유형, 이렇게 세 가지 유형으로 나뉘게 됩니다.

당신은 어느 것을 가장 우선시합니까? 아래의 세 항목 중 가장 체크가 많은 항목은 무엇인가요?

자기보존	☐ 집안을 깨끗이 청소하지 않으면 마음이 편치 않다.
	☐ 치과나 건강진단 등 건강관리는 철저히 하는 편이다.
	☐ 만일의 사태를 대비하여, 피난용품 등은 미리 준비해둔다.
	☐ 휴일에는 외출하는 것보다 집에서 느긋하게 시간을 보내는 편이 좋다.
섹슈얼	☐ 둘이 만나기로 한 약속 장소에 다른 사람이 오면 실망한다.
	☐ 둘이서 맞장구치며 공감할 수 있는 대화를 좋아한다.
	☐ 금방 타올랐다가 금방 식어버리는 편이다.
	☐ 집중하고 있을 때에는 식사하거나 잠자는 걸 잊어버릴 때도 있다.
소셜	☐ 각각 다른 다양한 그룹에 속해 있다.
	☐ 만났던 사람들의 사회적인 지위나 역할을 정확히 기억하는 편이다.
	☐ 사회와 연결되어 있다는 느낌이 없을 땐 왠지 불안해진다.
	☐ 발이 넓어 인맥이 다양한 편이다.

어땠나요? 세 가지 설문 중에서 '자기보존'이 많았던 사람에게는 집이나 개인공간을 침범당하기 싫어하는 경향이 있습니다. '섹슈얼'이 많았던 사람은 밀접한 인간관계나 집중할 만한 일이 없으면 기력을 잃기 쉬우며, '소셜'이 많았던 사람은 사회와 연결되어 있지 않으면 만족감을 얻을 수 없는 타입입니다. 만약 체크 수가 같은 경우에는 그 두 가지 가치관을 모두 소중히 생각한다는 의미입니다. 사람에 따라 편차는 있지만, 체크가 적은 항목은 당신의 '약점'이 될 수 있으니 의식하여 받아들일 수 있도록 노력해보세요.

'자기보존'이 적었던 사람은….

- 건강관리, 사적인 공간을 소중히 하기
- 절약이나 저축에 조금 더 주의하기
- 일기예보 등 사전에 체크하기
- 집안일 철저히 하기

'섹슈얼'이 적었던 사람은….

- 반대로 자극적인 것에 도전하기
- 화려한 복장을 하거나 겉모습에 신경 쓰기
- 즐거운 일이나 열광적인 일 추구하기
- 자신의 이야기를 적극적으로 말하기

'소셜'이 적었던 사람은….

- 모임에 적극적으로 참가하기
- 항상 주변 분위기에 신경 쓰기
- 사회적인 위치를 소중히 여기기
- 사물과 사람들을 넓은 시야로 바라보기

금주의 메모

월 Monday	화 Tuesday	수 Wednesday

철학명언 중요한 것은 변화시키는 것이다.

— 칼 마르크스

목	금	토	일
Thursday	Friday	Saturday	Sunday

철학자들이 세계를 해석하는 데 그치지 않고, 더 나아가 변화시키는 게 중요하다고 마르크스는 생각했습니다. 생각하는 것도 중요하지만, 때로는 손에서 잠시 책을 내려놓고 거리로 나아가는 것도 중요합니다.

3 월
March

Weekly
금주의 메모

철학명언 휴식은 좋은 것이지만 권태는 그의 형제이다.

— 볼테르

목	금	토	일
Thursday	Friday	Saturday	Sunday

휴식을 취하면서 에너지를 충전하는 건 좋은 일이지만, 과도한 휴식은 반대로 피로감을 주는 경우가 있습니다. 한가로이 시간을 보내는 것과 휴식의 끈을 잘 조절해보세요.

Weekly
금주의 메모

월 Monday	화 Tuesday	수 Wednesday

철학명언 인간은 자신이 이해하지 못하는 것들에 대해서는 항상 부정하고 싶어하는 존재이다.

— 파스칼

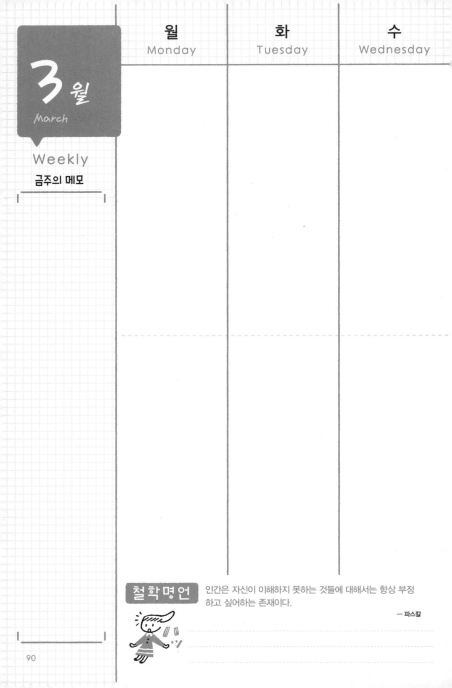

목 Thursday	금 Friday	토 Saturday	일 Sunday

사람들은 복잡하고 난해한 것들을 알려고 하지 않고, 모른다거나 익숙하지 않다는 말로 방치해 둡니다. 외국어 습득 같은 일이 대표적인 예로, '싫어한다'거나 '이해가 안 된다'는 말부터 시작하는 경우가 있습니다. 이번 주에 한 번 도전해보세요.

3월
March

Weekly

금주의 메모

월 Monday	화 Tuesday	수 Wednesday

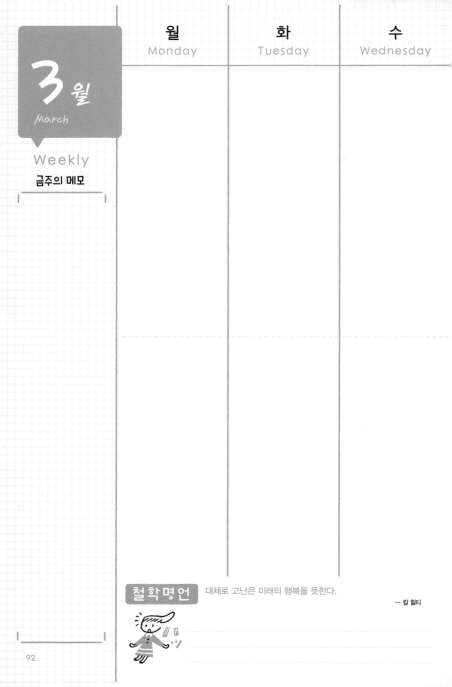

철학명언 대체로 고난은 미래의 행복을 뜻한다.

— 칼 힐티

목 Thursday	금 Friday	토 Saturday	일 Sunday

고난을 겪는다는 건 그 고난을 이겨냈을 때 더 큰 행복이 기다리고 있다는 걸 뜻하기도 합니다. 눈앞의 고난이 아닌 조금 먼 미래에 기다리고 있는 행복으로 눈길을 돌려보세요. 행복을 손에 넣기 위해서는 고난을 넘어서야만 합니다.

월 Monday	화 Tuesday	수 Wednesday

3월
March

Weekly
금주의 메모

철학명언 패배에는 승리 이상의 승리가 있다.

— 몽테뉴

목 Thursday	금 Friday	토 Saturday	일 Sunday

성공하는 데에는 노력만이 아니라 운도 따라줘야 한다고 한다면, 성공담보다 실패담을 듣는 편이 '성공하기 위해 필요한 것'을 터득할 수가 있습니다. 실패 속에서 교훈을 찾는 사람이 승리를 지속할 수 있습니다.

4 월

April

"아무리 여러 가지
다른 수단을 취한다 해도,
모든 인간은 결국
행복을 추구하고 있다."

— 파스칼(1623-1662)

"왜 그런 말을 하는 걸까?" "왜 저런 행동을 하는 걸까?"

사람과의 관계 속에서 상대의 말이나 행동이 이해되지 않아 고민에 빠졌던 경험은 없나요?

이 때 머릿속으로 생각났으면 하는 게 바로 이 글귀입니다. 아무리 이해할 수 없는 말과 행동이라도, 상대방의 입장에서는 그런 말과 행동이 '행복'에 조금 더 가까워질 수 있기 때문인데요. 상대방만이 가지는 '행복'이 그의 말과 행동에 깔려 있다는 걸 이해하면, 왜 그런 행동을 했는지 서운했던 마음의 응어리가 풀어지지 않을까요? 새로운 만남이 많아지는 4월에는 상대방의 마음을 알 수 있는 글귀가 준비되어 있습니다.

신경 쓰이는 저 사람,
과연 무슨 유형일까?

입학, 이직, 이사 등 새로운 만남이 많아지는 4월에는 '저 사람은 어떤 사람일까?' 하는 생각이 많아질 텐데요. 마음속으로 상대방의 유형을 단정지어버리면, 그 틀에 갇혀서 상대방의 본 모습을 보지 못하는 경우가 있습니다. 하지만 상대가 가지고 있는/있을 수 있는 가치관을 어느 정도 파악해두면, 보다 더 원활한 인간관계를 구축할 수 있습니다. 아래의 표는 상대 유형을 파악하기 위한 간단한 성격 진단 방법입니다.

● 당신이 바라본 상대방의 성격에 맞는 조합을 골라보세요.

A
- ☐ 낙관적이다.
- ☐ 희망적으로 바라본다.
- ☐ 깊이 생각하지 않는다.

B
- ☐ 의심이 많다.
- ☐ 경계심이 강하다.
- ☐ 성격이 거칠다.

C
- ☐ 이성적이다.
- ☐ 냉정하고 침착하다.
- ☐ 문제를 담담히 처리한다.

1
- ☐ 자신감이 있다.
- ☐ 적극적이다.
- ☐ 정열적이다.

2
- ☐ 순종적이다.
- ☐ 자기 희생적이다.
- ☐ 공평하려고 한다.

3
- ☐ 수동적인 성격이다.
- ☐ 마이페이스
- ☐ 자신을 숨기려 한다.

● 상대방의 유형에 잘 맞는 행동 요령

A × 1
낙천가

이야기를 들으면서 '재미있어', '즐거워' 같은 말을 하며 미소 짓는다. 세세한 질문이나 간섭은 하지 않는 편이 좋다. 가끔 비판적인 태도를 보이기 때문에 밝은 모습으로 대하는 게 좋다.

A × 2
박애주의자

고맙다는 감사의 말을 잊지 않는다. 우호적인 태도로 상대를 대한다. 걱정해주었을 때에는 '어떻게 알았어?' 같은 말을 하며 상대의 배려를 평가해주자.

A × 3
평화주의자

추상적인 질문이나 재촉하는 행동은 하지 않는다. 평소에는 수동적인 모습을 보이는 경우가 많지만, 사람과의 관계를 소중히 여기고 있는 것이기 때문에 적극적으로 상대에게 마음을 쓰도록 하자.

B × 1
권력자

상대를 의지하는 태도로 대한다. 안하무인인 면도 있지만, 다른 사람을 잘 돌보는 유형이므로 상대에게 상담을 하는 등 의지하는 모습을 보이는 게 좋다.

B × 2
합리주의자

'어려운 점이 있을 땐 도와줄게' 같이 협조적인 자세를 보여준다. 보고나 연락은 제 시간에 하도록 하며, 뭔가를 숨기거나 불안을 느끼게 하는 행동은 피하고 너의 편이라는 점을 어필한다.

B × 3
예술가

독특한 발상을 높이 평가해준다. '네 이야기는 많이 들었어' 같은 가벼운 발언은 금물. 난처한 일을 겪고 있을 때에는 '왜 그런 생각을 하게 됐어?' 같이 감정적으로 다가가도록 하자.

C × 1
엘리트

일단 다른 사람들 앞에서 칭찬을 해준다. '커다란 일을 손쉽게 해결한다'는 게 이 유형의 미학. '동경한다'는 말을 해줘도 이 유형에게는 전혀 지나치지 않다.

C × 2
완벽주의자

시간, 약속은 꼭 엄수할 것. 대화를 할 때에는 구체적인 예를 들면서 하는 것이 좋다. 그리고 상대방이 벽에 부딪혔을 때는 먼저 대안을 제시해주도록 하자.

C × 3
연구가

감정적으로 이야기하지 않고, 논리적으로 대화한다. 사람과의 관계를 강요하거나 간섭하지 않는다. 혼자가 되고 싶어 하는 습관을 존중해준다. 깊이 생각할 수 있는 시간을 준다.

저 사람은 이렇게 대해야지!

4월

April

Weekly

금주의 메모

철학명언 독서는 충실한 사람을 만들고, 담론은 재치 있는 사람을 만들며, 필기는 정확한 사람을 만든다.

— 베이컨

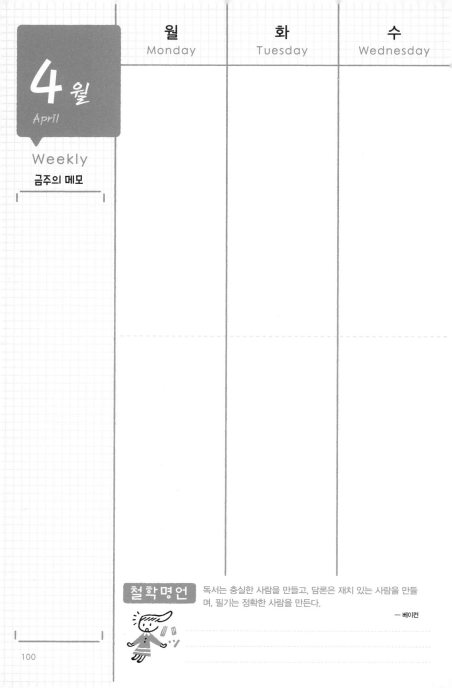

목 Thursday	금 Friday	토 Saturday	일 Sunday

식견을 넓히고 행동으로 실천하며, 철저히 조사하는 것. 이는 모두 일을 하는 데 필요한 것들이지만, 다양한 행동에 의해 그 힘이 더욱 배가되기도 합니다.

4 월
April

Weekly

금주의 메모

철학명언 주어진 것들을 활용하라.

― 에픽테토스

목 Thursday	금 Friday	토 Saturday	일 Sunday

주어진 기회는 주저하지 말고 모두 내 것으로 만드세요. 무슨 일이든 그 기회를 펼칠 수 있는 방법은 분명 있습니다. 승리는 주어진 것들을 어떻게 활용할 건지 생각하는 습관에 달려 있습니다.

월 Monday	화 Tuesday	수 Wednesday

4 월
April

Weekly

금주의 메모

철학명언

인간은 시인이자 수수께끼를 푸는 자이며 우연을 구제하는 자이다.

— 프리드리히 니체

목 Thursday	금 Friday	토 Saturday	일 Sunday

우리는 어떤 형태로든 미래를 만들어 나갈 수 있습니다. 역경이 닥쳐올 때, 그 역경 속에서 배움과 깨달음을 얻고 새로운 의미를 창조하면, 역경이 무의미한 경험이 아니라 우리의 양식으로 쌓일 수 있습니다.

	월 Monday	화 Tuesday	수 Wednesday

4 월
April

Weekly
금주의 메모

철학명언

여자는 자신을 추구하는 사람은 원하지 않는다.
오히려 약간 냉담한 태도를 보이는 사람을 원한다.

— 칼 힐티

목 Thursday	금 Friday	토 Saturday	일 Sunday

자신에게 친절한 태도를 보이는 사람보다도, 좀처럼 자신을 봐주지 않는 차가운 사람이 매력적으로 보이는 법입니다. 너무 쉬운 게임을 하다보면 점점 지루해지는 것처럼, 갈망하는 사랑은 권태가 없는 법이죠.

월 Monday	**화** Tuesday	**수** Wednesday

4 월
April

Weekly
금주의 메모

철학명언　눈물을 흘리는 것도 일종의 쾌락이다.

— 몽테뉴

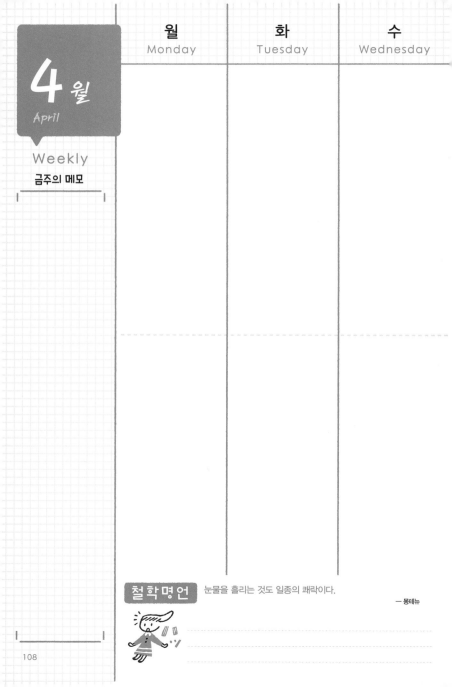

목 Thursday	금 Friday	토 Saturday	일 Sunday

사람은 슬프다는 이유만으로 눈물을 흘리지 않습니다. 눈물을 흘린다는 건 때로 기쁨의 행위이기도 하죠. 나도 모르게 눈물이 나올 때는 흘리는 눈물의 양만큼 슬픔이 마음 깊숙이 파고들어가는 경우도 있습니다.

월	화	수
Monday	Tuesday	Wednesday

4 월
April

Weekly
금주의 메모

철학명언 산다는 것은 숨만 들이쉬고 내쉬는 것이 아니다.
— 장 자크 루소

목 Thursday	금 Friday	토 Saturday	일 Sunday

산다는 것은 그저 호흡하는 것이 아니라, 행동하는 것입니다. 단순히 하루하루를 보내는 것이 아니라,
자발적으로 행동하여 인생을 마음껏 누릴 수 있는 것이지요.

5월

May

"어느 한 사람에게
맞는 신발이라도,
다른 누군가에게는
작은 신발일 수 있다."

— 칼 구스타프 융(1875-1961)

세상에 절대적으로 좋은 건 존재하지 않습니다. 어떤 사람에게는 착용감이 좋고 멋있는 신발로 느껴질지라도, 다른 사람에게는 작아서 발이 아프고 디자인이 마음에 들지 않을 수 있습니다. 흔히 주변에서 '이렇게 하면 행복해질 거야'하는 행복의 모습도 사람에 따라서는 대수롭지 않게 느껴지거나 뭔가 부족하다고 느껴질 수 있는 거죠. 즉, 행복이란 사람의 개성에 따라 달라질 수 있는 겁니다. 5월의 미션은 '내 개성의 경향 알기'입니다. 정신분석가이자 철학자였던 칼 구스타프 융이 고안한 성격 분석 검사를 통해 자신의 개성을 찾아보세요.

자기 이해의 심화!
내 개성의 경향은?

철학자 칼 구스타프 융은 사람의 성격 속에는 '외향형 혹은 내향형', '감정형 혹은 사고형', '감각형 혹은 직관형' 중 하나를 중시하는 경향이 있다고 생각했습니다. 융이 고안한 세 가지 경향에 '판단형 혹은 탐구형'이 추가된 자기 이해를 위한 심리학적 유형론은 전 세계에서도 활용되고 있습니다. 이 심리 유형론을 응용한 체크로 자기 이해도를 더욱 높여보세요.

체크 방법은 오른쪽 페이지에 설명되어 있습니다. '외향형 혹은 내향형' 등 상반되는 성격들의 특징이 기재되어 있으니, 자신이 어느 경향에 속하는지 알아볼까요? 그리고 자신에게서 잘 보이지 않는 경향을 받아들이면 행동의 폭이 넓어지게 될 거에요.

외향형

사람의 내면보다 사회에 흥미가 있다.

움직이며 생각하는 타입이다.

바깥 세계에 자신을 맞춘다.

내향형

자신이 어떤 사람인가에 흥미가 있다.

일단 생각한 후에 행동한다.

자신의 세계 안에서 사람들과 관계하고 싶다.

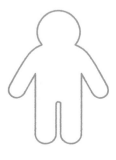

감정형

자신의 마음이 느끼는 안정감에 따라 판단한다.

그 자리의 분위기나 조화를 중요하게 생각한다.

기분 좋아지는 일이 중요하다.

사고형

사물을 논리로 판단한다.

분위기를 잡고 이야기하는 것에는 익숙하지 않다.

계획성을 갖는 것이 중요하다.

(예) 외향적인가요? 내향적인가요? 어느 쪽이 더 많이 차지하고 있나요?

　 아래의 그림처럼 한 번 색칠해보세요.

외향형

사람의 내면보다 사회에 흥미가 있다.

움직이며 생각하는 타입이다.

바깥 세계에 자신을 맞춘다.

내향형

자신이 어떤 사람인가에 흥미가 있다.

일단 생각한 후에 행동한다.

자신의 세계 안에서 사람들과 관계하고 싶다.

감각형

사물을 객관적으로 이해한다.

이야기를 현실적으로 풀어나가고 싶다.

분석적이며 과정을 중시한다.

직관형

문득 떠오르는 생각으로 사물을 해석한다.

사물의 가능성을 창조하고 싶다.

창조적이며 아이디어를 중시한다.

판단형

규칙을 지키는 편이다.

시간이나 계획대로 행동한다.

한 번 결정한 건 끝까지 해낸다.

탐구형

규칙이 답답하게 느껴질 때가 많다.

사전에 일정을 정하는 것에 능숙하지 않다.

선택지가 적으면 재미없다.

	월 Monday	화 Tuesday	수 Wednesday

5 월
May

Weekly
금주의 메모

철학명언 시간이야말로 마음을 털어놓기에 가장 현명한 상대다.

— 페리클레스

목 Thursday	금 Friday	토 Saturday	일 Sunday

때때로 감정은 모든 일이 해결의 출구로 향하는 것을 방해할 때가 있습니다. 감정이 격해져 제어가 되지 않을 때에는 일단 시간을 가지세요. 누군가에게 마음을 털어놓는 것보다 때로는 시간이 가장 현명한 상담사가 되어줄 거예요.

5 월
May

Weekly
금주의 메모

목 Thursday	금 Friday	토 Saturday	일 Sunday

모든 일이 순조롭게 흘러가는 인생을 타고난 사람들만이 천재라고 불리는 건 아닙니다. 어떠한 역경에도 굴하지 않고 극복해내려는 신념을 가진 사람을 천재라고 부르는 법이죠. 강한 신념은 재능보다도 소중한 것이랍니다.

5월
May

Weekly
금주의 메모

철학명언 변화가 없는 인생은 지루하다.

— 마르쿠스 아우렐리우스

목 Thursday	금 Friday	토 Saturday	일 Sunday

변화에 좋고 나쁨은 없습니다. 어떤 변화라도 그 속에서 얻는 게 있죠. 변화를 두려워하지 않고, 변화를
즐길 수 있을지는 인생에 임하는 나의 태도에 달려 있다고 할 수 있습니다.

	월 Monday	화 Tuesday	수 Wednesday

5월
May

Weekly
금주의 메모

철학명언 망각은 앞으로 나아갈 수 있는 비결이다.

— 카라키 준조

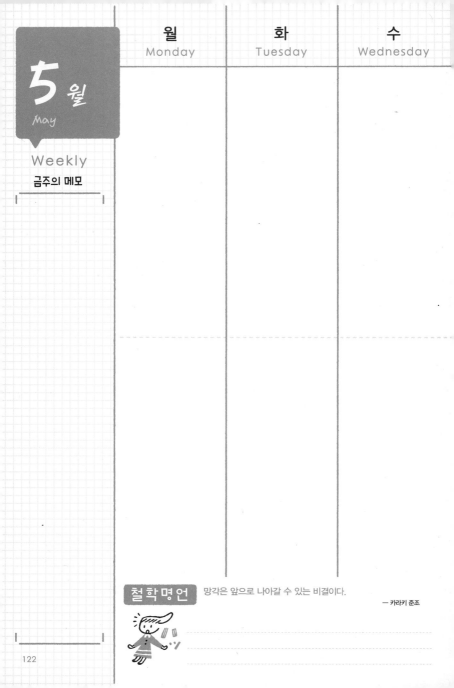

목 Thursday	금 Friday	토 Saturday	일 Sunday

앞으로 나아갈 수 없는 이유는 뒤를 돌아보고 있기 때문입니다. 뒤를 돌아보며 과거에 집착하는 것은 전진하는 발걸음에 장애물이 됩니다. 잊어버림으로써 미래의 커다란 가능성을 바라보기 시작하는 거죠.

	월 Monday	화 Tuesday	수 Wednesday

5 월

May

Weekly

금주의 메모

철학명언 마음이 진정한 목표를 잃어버리게 되면, 거짓된 목표로 기울게 된다.

— 몽테뉴

목 Thursday	금 Friday	토 Saturday	일 Sunday

진정한 목표를 이루지 못하거나 잃어버리게 되면, 생각지 않았던 거짓 목표를 만들어내는 경우가 있습니다. 하지만 그것이 정말로 자신이 행복해질 수 있는 목표일까요? 목표의 의미를 다시 한 번 되새기는 것도 중요합니다.

6 월

June

모든 일은 다양한 각도에서 해석할 수 있습니다. 예를 들면, 사랑하는 사람과 헤어졌을 때를 소중한 사람을 잃은 가슴 아픈 일로 해석할 수 있지만, 다른 각도에서 생각해보면 실연은 새로운 만남의 기회가 되거나 일에 더 집중할 수 있는 기회가 될 수도 있죠.

비관적일 때에는 다른 각도도 존재한다는 사실을 잊은 채 더욱 비관적인 생각으로 머릿속을 채우게 됩니다. 이 때 다시 일어서기 위해서는 '이미 일어난 일'을 다양한 각도에서 바라보는 자세가 중요합니다. 6월에는 '슬픔이나 고민에서 벗어나기 위한 방법'을 배워볼까요?

나의 슬픔, 고민에서
벗어날 수 있는 방법

모든 일을 다양한 각도에서 바라보며 해석에 변화를 주는 것은 프레이밍(framing)이라는 코칭 기법입니다. 이미 일어난 일이나 고민, '슬픔'이라는 감정을 뚜껑으로 덮어두고 억지로 긍정적인 생각을 할 필요는 없어요. 무슨 일이든 어떤 고민이든 그 속에는 '감정'과는 별개로 '해결책'이나 '가능성'이 존재합니다. 감정과 해결책을 혼동하면 오히려 더 혼란을 불러오게 됩니다. 잠시 감정에서 해방되어 해결책과 가능성으로 고개를 돌려보세요.

모든 일에는 '좋음'과 '나쁨'이 동시에 흐릿한 경계선 위에 존재합니다. 한번 과거를 돌이켜보세요. '예전 남자친구와 헤어진 후에 새 남자친구를 만났다'든지 '취업을 준비할 때 1지망으로 지원한 회사에 취업했다면, 지금 하고 있는 일은 못했을 거야'라든지, 살아가는 동안 실패가 오히려 전화위복이 된 경험이 많이 있었을 겁니다. **무엇보다 피해야 할 것은 실패가 아닌 변화를 두려워하는 태도입니다.** 니체는 "탈피하지 못하는 뱀은 결국 죽는다"고 말했습니다. 변한다는 사실을 두려워 말고 변화를 통해 성장해나가면, 보다 더 멋진 인생을 보낼 수 있을 겁니다.

● 위의 칸에는 '감정', 아래 칸에는 '해결책'을 써보면서 사건들을 바라보세요!

(예)

• 매달 돈이 없어 사고 싶은 것을 전혀 사지못하니까 힘들어!

• 요즘 남자친구가 차가워진 것 같아 외로워!

• 돈 절약하는 방법을 배우고 있으니까, 나중에 무슨 일이 있어도 괜찮을 거야.

• 시간을 들여 기술(자격증)을 배울 수 있는 찬스!

• 남자친구를 냉정하게 다시 볼 수 있는 계기가 될 거야.

● 지금 실제로 느끼고 있는 고민들을 리-프레이밍(re-framing) 해보세요!

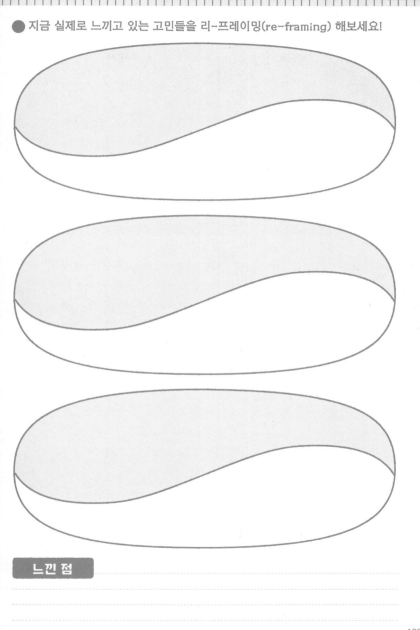

느낀 점

월 Monday	화 Tuesday	수 Wednesday

6월
June

Weekly
금주의 메모

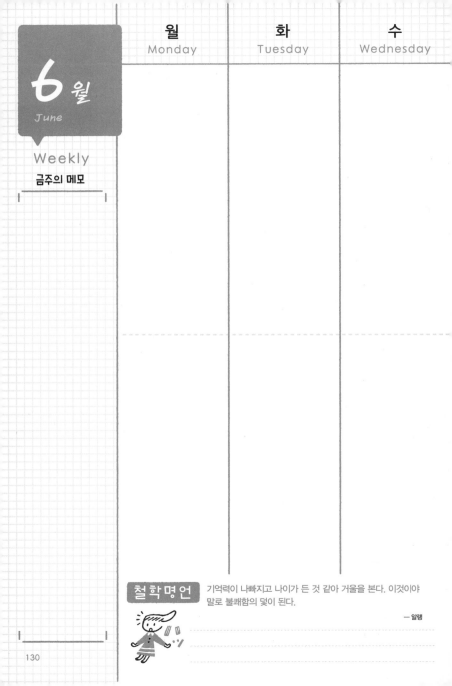

철학명언

기억력이 나빠지고 나이가 든 것 같아 거울을 본다. 이것이야
말로 불쾌함의 덫이 된다.

— 알랭

목 Thursday	금 Friday	토 Saturday	일 Sunday

불쾌한 기분을 만들어내는 사람은 다른 누구도 아닌 바로 나 자신일 때가 있습니다. 하나의 사건을 어떻게 해석할 것인가를 결정하는 것 역시 나 자신. 차가운 바람이 피부에 스쳤을 때 '건강을 위해서라면 이 정도 추위쯤은 괜찮아'라고 말할 수 있는 긍정적인 발상으로 일상을 보내세요.

6 월
June

월 Monday	화 Tuesday	수 Wednesday

Weekly
금주의 메모

철학명언 누군가로 계속 존재하고 있다는 것에 대한 불안감으로
그 누군가조차 되지 못하는 사람이 있다.

— 에릭 호퍼

목 Thursday	금 Friday	토 Saturday	일 Sunday

주변에서 생각하는 이미지에 너무 신경 쓴 나머지 보수적인 행동을 취한 결과, 아무런 존재조차 되지 못하는 경우가 있습니다. 모든 일에 정답은 없습니다. 과격한 말을 뱉었다 하더라도 자신을 속이고 있는 것만 아니라면 어딘가 내 편은 있을 거라 믿으며 당당해지세요.

6 월
June

Weekly
금주의 메모

월 Monday	화 Tuesday	수 Wednesday

철학명언 경쟁심은 재능의 양식이고 질투는 마음의 독극물이다.
— 볼테르

목 Thursday	금 Friday	토 Saturday	일 Sunday

경쟁심은 '남들에게 지지 않을 만큼 좋은 것을 만들 거야' 하고 자신에게 활력을 불어넣어줄 수 있지만, 질투는 '저 사람은 타고나서 부럽다'는 비관적인 감정을 불러올 수 있습니다. 질투가 느껴질 때에는 반대로 경쟁심을 가지고 긍정적인 에너지로 바꿔보면 더 좋지 않을까요?

월 Monday	화 Tuesday	수 Wednesday

6 월
June

Weekly
금주의 메모

철학명언 지쳐 있을 땐 단 한 번의 도약으로 궁극적인 것에 도달하려
한다.

— 프리드리히 니체

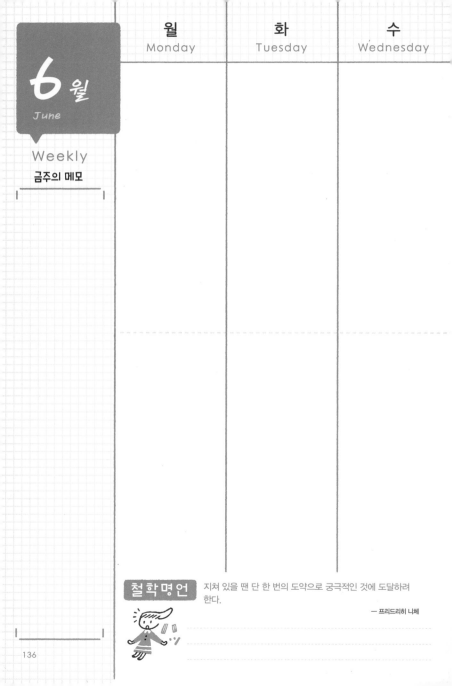

목 Thursday	금 Friday	토 Saturday	일 Sunday

지쳐 있을수록 지름길을 찾기 마련입니다. 착실하게 조금씩 노력을 쌓아가려고 애쓰지 않아도 되니, 효과가 바로 눈에 보이는 방법에 기대고 싶어지는 거죠. 한층 더 발전하고 싶어질 때에는 지름길을 찾기보다 우선 힘을 길러보세요.

	월 Monday	화 Tuesday	수 Wednesday

6 월

June

Weekly

금주의 메모

목 Thursday	금 Friday	토 Saturday	일 Sunday

친목 모임에서 자신감은 말수로 알 수 있습니다. 자신감이 없는 사람은 말로 자신을 꾸미려 하지만 자신감이 넘치는 사람은 필요 이상으로 자신을 꾸미려고 하지 않죠. 반대로 생각하면, 말수를 아끼고 당당한 자세를 취할수록 똑 부러진 사람으로 보이지 않을까요?

7 월

JUly

" 사랑할 땐
누구나 시인이 된다. "

— 플라톤(기원전 427-347)

고대 그리스 철학자 플라톤은 사랑에 많은 종류가 있다고 하면서, 아름다움을 동경하는 사랑은 '에로스', 헌신적인 사랑은 '아가페', 우애는 '필리아'라고 불렀습니다. 그리스 신화에 따르면 본래 인간은 두 사람이 한 몸으로 연결되어 있다가 점점 반으로 떨어지면서 지금의 인간이 되었다고 합니다. 그래서 연인이 서로 사랑한다는 건 원래 한 몸이었을 때의 반쪽을 찾으려는 행위라고 해석합니다. 이런 점에서 서구에서는 파트너를 'better half(나보다 더 나은 반쪽)'라고 부릅니다. 연애는 개성이 크게 반영되는 대상이기도 하지요. 7월에는 진단을 통해 당신이 기다리고 있는 '연애의 형태'를 찾아볼까요?

여섯 가지 연애의 형태
나의 연애관 알기

여기서는 당신의 연애 경향을 찾아보려 해요. 캐나다 심리학자 존 리는 사람에게 '여섯 종류의 연애 패턴'이 있다고 생각했습니다. 그 여섯 종류란 연애는 게임이라며 사랑의 줄다리기를 즐기는 유형(루두스), 상대를 운명의 사람이라고 여기며 로맨틱하게 불타오르는 유형(에로스), 친구 관계의 연장선 같은 연애를 즐기는 유형(스토르게), 상대의 사회적 위치, 외모, 경제력 같은 스펙을 중시하는 유형(프라그마), 질투심이 강하고 상대를 얽매려고 하는 유형(마니아), 상대방에게 정성을 쏟으며 보완해주는 역할이 되고 싶은 유형(아가페)이 있습니다.

이 여섯 종류 중 당신이 연애에서 바라는 점은 무엇인가요? 좋아하는 사람이나 과거의 연애 등 누군가를 떠올리며 가장 마음에 와 닿는 항목을 선택해보세요.

연애는 게임이다(루두스)	낭만적인 연애(에로스)	우정의 연애(스토르게)
☐ 너무 깊이 관여하지 않고 적당한 거리감을 유지하는 것이 좋다.	☐ 만난 순간 서로에게 끌렸다.	☐ 친구 관계에서 점점 연인 사이로 발전했다.
☐ 상대가 자신에게 너무 빠지지 않도록 대한다.	☐ 우리는 다른 사람들이 보기에도 정말 잘 어울릴 거라고 생각한다.	☐ 헤어져도 계속 친구로 남고 싶다.
☐ 상대가 어떤 사람인지 확실히 파악하고 전략을 구상해 접근한다.	☐ 이 사람과 만나기 위해 태어난 운명이라는 것을 느낄 때가 있다.	☐ 최고의 우정이 최고의 연애를 낳는다고 생각한다.
실리적인 연애(프라그마)	**질투의 연애(마니아)**	**헌신의 연애(아가페)**
☐ 경제력 등 스펙이 갖춰지지 않으면 좋아하는 감정이 생기지 않는다.	☐ 연애 때문에 고민거리가 생기면 식욕 등 일상에 큰 영향을 받는다.	☐ 상대를 위해서라면 자신을 희생해도 좋다.
☐ 자신의 격을 떨어뜨리는 듯한 상대와는 사귀고 싶지 않다.	☐ 상대가 다른 사람과 친하게 지내는 것을 참을 수 없다.	☐ 무리를 해서라도 상대방을 행복하게 해주고 싶다.
☐ 주변 사람들에게 소개할 때에도 부끄러울지를 먼저 신경 쓴다.	☐ 일이 생기면 감정적이 되어버린다.	☐ 생활이 힘들어도 함께 있을 수만 있으면 상관없다.

● 각 연애 타입의 특징

게임 같은 연애......
(루두스)
사랑에 빠지는 것보다 상대를 '공략'하는 것에서 연애의 즐거움을 찾는 타입. 적당한 거리를 유지하면서 사생활을 간섭받지 않으려고 합니다. 게임처럼 연애를 즐기기 때문에 동시에 다른 사람을 만나거나, 자극적인 관계를 갖는 것도 마다하지 않는 면이 있습니다.

낭만적인 연애......
(에로스)
서로 강하게 끌리는 운명적인 만남을 바라는 타입. 에로스 타입은 첫눈에 반하기 쉬운 타입으로 '우리는 왜 이렇게 잘 어울리는 걸까?' 하며 상대를 미화하는 경우도 있습니다. 사랑에 빠진다는 표현이 꼭 들어맞는 로맨틱한 연애를 동경합니다.

우정의 연애.........
(스토르게)
친구 사이의 연장선 같은 연애를 좋아하는 타입. 친구이자 같은 취미를 갖는 동료의 느낌으로 함께 있는 동안 점차 우정이 사랑으로 변해가는 평온한 관계를 좋아합니다. 나도 모르는 사이에 상대를 의식하게 되면서 사이가 깊어지는 타입입니다.

실리적인 연애......
(프라그마)
현실적으로 상대방의 스펙을 파악한 후에 연애를 시작하는 타입. 직업은 무엇인지, 경제력은 있는지 등 상대와 사귀었을 때 자신에게 득이 있는지 판단하여 자신이 원하는 욕망을 채워줄 수 있는 상대가 아니면 좋아하는 감정이 생기지 않습니다.

질투의 연애.........
(마니아)
연애 체질상 질투가 많은 타입. 연인과 싸웠을 때 몸이 야윈다거나, 사이가 좋지 않을 땐 일이 손에 잡히지 않는 등, 연애로 인해 감정이 크게 흔들리는 타입. 그리고 독점욕이 강해 상대의 마음을 계속해서 확인하지 않으면 불안해합니다.

헌신의 연애.........
(아가페)
상대가 기뻐할 수 있는 일이라면 무슨 일이든 할 수 있다는 헌신적인 타입. 자신의 페이스나 생각보다 상대를 가장 먼저 고려합니다. 그리고 보답을 바라지 않고 상대를 위해 정성을 쏟는다는 것 자체로 기쁨을 느낍니다.

루두스↔아가페, 에로스↔프라그마, 스토르게↔마니아는 연애에 대한 가치관이 정반대이기 때문에 서로 궁합이 맞지 않는다고 합니다. 기본적으로 같은 타입끼리는 가치관이나 유지하는 거리가 비슷하기 때문에 궁합이 좋다고 할 수 있지 않을까요? 이 중에서 당신은 어떤 타입인가요?

나는

_____ 타입

	월 Monday	**화** Tuesday	**수** Wednesday

7 월

July

Weekly

금주의 메모

철학명언 편견은 무리지어 달려온다.

— 장 자크 루소

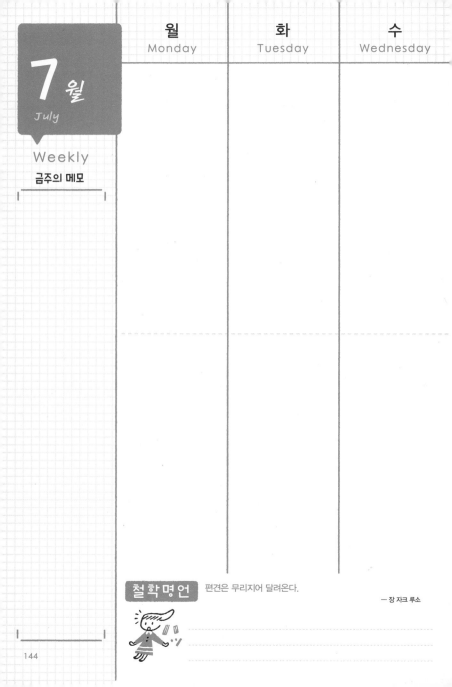

목 Thursday	금 Friday	토 Saturday	일 Sunday

많은 사람들이 그렇게 말한다고 해서 그 사실이 옳다고 단정할 수 없습니다. 편견은 많은 사람들에 의해 만들어지기 때문입니다. 편견에 휩쓸려 사실을 그대로 받아들이지 말고 자신의 의견도 소중히 여겨주세요.

월 Monday	화 Tuesday	수 Wednesday

7 월
July

Weekly

금주의 메모

철학명언 자신감이란 흔들리지 않는 희망이다.

— 토머스 홉스

목 Thursday	금 Friday	토 Saturday	일 Sunday

무슨 일이 있어도 흔들리지 않는 희망을 가지고 있다는 건 자신감이 있다는 뜻. 자신감은 한 순간에 생기는 게 아니라 절대적인 희망을 믿는 습관에서 자라납니다.

월 Monday	화 Tuesday	수 Wednesday

7 월
July

Weekly
금주의 메모

철학명언   배부른 돼지보다 배고픈 소크라테스가 되는 편이 낫다.
— 존 스튜어트 밀

목 Thursday	금 Friday	토 Saturday	일 Sunday

사람과 돼지의 차이는 높은 질을 추구한다는 점입니다. 남겨진 많은 음식을 먹는 것보다 영화를 보면서 감동받는 생활에 만족할 수 있는 게 사람입니다. 고상하며 질 좋은 것들을 즐길 수 있다는 건 사람의 특권입니다. 육체적인 쾌락보다 정신적인 쾌락을 소중히 여기세요.

7월 *July*

	월 Monday	화 Tuesday	수 Wednesday

Weekly
금주의 메모

철학명언

자기 자신을 이기는 것이야 말로 가장 위대한 승리이다.

— 플라톤

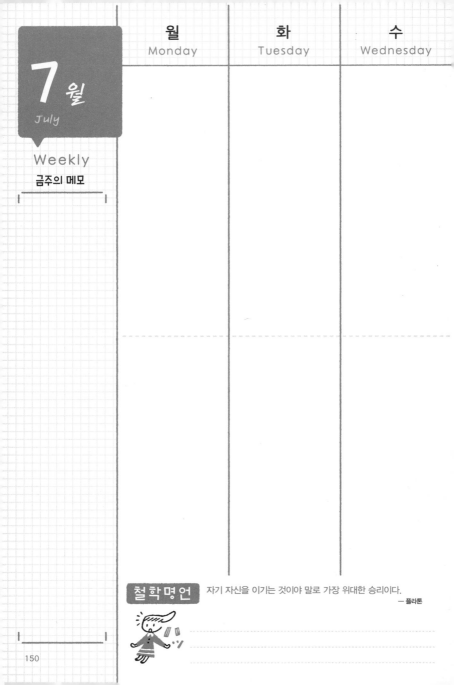

목 Thursday	금 Friday	토 Saturday	일 Sunday

과거의 자기 자신을 이기는 것. 자신의 약점을 뛰어넘는 것. 인생에서 새롭게 써나가야 할 기록은 항상 자신과의 싸움이라고 할 수 있습니다. 자신을 속이지 않고 '충분히 잘했어, 해냈어'라고 말할 수 있는 게 무엇보다 큰 승리라고 할 수 있습니다.

7 월
July

Weekly
금주의 메모

철학명언

운명에 대해 불평을 늘어놓으면 불행만 커질 뿐,
웃음의 희망은 물러간다.

— 알랭

목 Thursday	금 Friday	토 Saturday	일 Sunday

운명을 불평하면 그만큼 희망과 가능성을 둘러볼 여유가 사라져버립니다. 슬픔은 또 다른 슬픔을 낳는 원인이 되기도 하죠. 지금 자신에게 할 수 있는 일이 무엇인지 생각해보는 건 어떨까요?

7 월
July

Weekly

금주의 메모

철학명언

타인에게 초조함을 느끼는 건 자기 자신을 이해하는 데 도움이 된다.

— 칼 구스타프 융

목 Thursday	금 Friday	토 Saturday	일 Sunday

'타인의 모습을 보고 자신의 모습을 반성하라'는 말이 있습니다. 타인에게서 느껴지는 초조함은 자기 자신에 대한 평가를 재확인할 수 있는 계기가 되기도 하죠. 초조함이 느껴질 때가 자기 자신을 바로 볼 수 있는 기회입니다.

8 월

August

"
사랑이란
더할 나위 없는 깨달음이다."

— 니시다 기타로(1870-1945)

상대방을 더 알고 싶어 하는 마음은 사랑이 있기 때문에 가능합니다. 상대를 이해하고 존중하는 건 굉장히 중요한 일이지만, 연애할 때 모든 투정을 받아줄 만큼 상대방 입장만 생각해주면 오히려 실망시키는 경우도 있습니다. 사람은 노력 없이 손에 넣을 수 있는 것에 대해서는 쉽게 권태를 느끼는 법이지요. 투정을 받아주지는 않아도 상대방을 가장 잘 이해해주는 사람이 되는 것 역시 중요합니다. 그러기 위해서는 상대방의 세세한 부분까지 알려고 하는 노력이 필요합니다. 8월에는 좋아하는 상대방을 이해하기 위한 체크 시트를 실천하여 좋은 관계를 쌓아나가도록 노력해보세요.

상대와의 사이에서 사랑을 싹 틔우고자 한다면
상대의 연애 경향을 알아보세요

14페이지에서 체크했던 아홉 가지 성격 유형의 '연애 경향' 버전입니다. 연애에서 볼 수 있는 아홉 가지 유형의 특징들을 아래에 정리했으니, 좋아하는 사람이 어느 유형에 해당하는지 상상해보면서 16페이지의 체크 시트부터 읽어보세요. 사람과의 관계가 깊어지는 걸 좋아하지 않는 유형도 존재하기 때문에, 좋아하는 사람의 행동이 차갑게 느껴지더라도 그건 본심이 매정한 게 아니라 그 정도의 거리감을 유지길 원하는 타입이기 때문일지도 모릅니다. 그리고 이 페이지에서는 자신의 유형에 따른 연애 경향도 알 수 있으니 자신의 유형도 함께 체크해보세요.

● 내가 좋아하는 사람은 어떤 유형? 타입별 연애 특징

완벽주의자	박애주의자	엘리트
☐ 기대한대로 되지 않으면 초조해한다. ☐ 이상이 높고 논리적이다. ☐ 가끔은 너무 심각해질 때가 있다. ☐ TPO를 굉장히 신경 쓴다.	☐ 작은 선물을 자주 준다. ☐ 자신을 격려해준다. ☐ 다른 사람을 잘 위로해준다. ☐ 밀당을 하는 편이다.	☐ 일을 우선시 하는 경향이 있다. ☐ 비생산적인 대화를 하는 걸 좋아하지 않는다. ☐ 자기 PR을 잘한다. ☐ 인기에 관심이 많다.
예술가	연구가	합리주의자
☐ 기분파로 감정의 기복이 심하다. ☐ 약자에게 친절하다. ☐ 어린 아이 같은 리액션을 취한다. ☐ 가끔은 의미없는 말을 한다.	☐ 연락을 자주하지 않는다. ☐ 자신의 생각을 비교적 솔직하게 말한다. ☐ 리액션이 작다. ☐ 에너지가 없는 것처럼 보인다.	☐ 걱정이 많고, 불안해하는 것처럼 보인다. ☐ 눈에 띄지 않도록 안정 지향적이다. ☐ 다함께 무언가 하는 걸 좋아한다. ☐ 부정적이지만 친절하다.
낙천가	권력자	평화주의자
☐ 30초에 한 번은 웃으려 한다. ☐ 미소를 짓고 있지만 마지막에 맺고 끊음을 잘한다. ☐ 같은 일을 반복하는 걸 싫어한다. ☐ 활발하고 자립적이지만 마무리가 허술하다.	☐ 활력이 넘치며 욕망이 강하다. ☐ 난폭한 말투에 화를 잘 낸다. ☐ 앞뒤가 다르지 않다. ☐ 어린 아이처럼 나쁘게 구는 면이 있다.	☐ 느긋하게 보내는 때가 많다. ☐ 자신의 의견은 적극적으로 말하지 않는다. ☐ 결단은 부족하나 인내심은 강하다. ☐ 바보같이 착하다.

※TPO: Time(시간), Place(장소), Occasion(상황)의 준말로 옷 입는 원칙을 말함

● 저 사람과는 어떻게 해야 좋은 관계가 될 수 있을까?

완벽주의자........... 편지 같이 형태가 남을 수 있게 감사의 마음을 전한다. 자신에게 잘못이 있을 경우에는 잘못을 인정한다. 시간, 매너, 가사 분담 등 자신의 몫을 철저히 실행한다. 가끔은 기분 전환을 위해 외출하는 것을 적극 권한다. 자기부정 모드에 빠졌을 때에는 '괜찮아!' 하며 상대방의 편이 되어준다.

박애주의자........... 마음을 알아주었을 때는 '고마워' 하며, 특별한 존재로 여기고 있다는 마음을 전한다. 상대가 자신에게 너무 매달리지 않도록 (의존 관계가 되지 않도록) 거리감을 조절하면서 상대를 대한다.

엘리트................... 한가할 때는 불안을 느끼기 쉬운 타입으로 상대를 방해하지 않고 자신만의 시간을 갖는 게 중요하다. 부정적인 대화나 비관적인 의견은 꺼내지 말고 안정적으로 상대방을 지지해주며, 노력과 능력을 칭찬해준다. 서로 성장할 수 있는 관계를 이어나가도록 한다.

예술가................... 감정적인 상태일 때에는 이를 부정하지 말고 너무 깊게 관여하지도 않으며 '그렇구나!' 하면서 상대를 이해해준다. 상처받기 쉬우니 비난은 하지 않도록 한다. 싸움으로 번졌을 때에는 상대에게 얼마만큼 자신이 상처받았는지를 표현하면 상대는 금세 미안함을 느낀다.

연구가................... 교제를 강요하지 않으며 혼자만의 시간과 프라이버시를 존중해줄 것. 감정적인 이야기는 피한다. 리액션이 작게 느껴지더라도 상대방 본인은 감정 표현을 적극적으로 하고 있다는 것을 이해한다. 곰곰이 생각할 수 있는 시간을 준다.

합리주의자........... 갑자기 일정을 바꾸는 등 급작스러운 행동으로 곤란하게 만들지 않는다. 평소에 '항상 지지하고 있다'는 뉘앙스의 말을 건네주도록 한다. 의심과 걱정이 많은 성격이니 상대에게 비밀을 만들지 않도록 할 것.

낙천가................... 구속하지 않고 자유시간을 존중해줄 것. 상대에게 주의를 줄 때에는 짧고 명료하게. 행동하기를 좋아하는 타입의 상대에게만 모든 걸 맡기지 않으며, 함께 즐길 수 있는 일을 계획한다. 대화 중에 상대가 일방적으로 화를 낼 경우에는 다시 호흡을 가다듬을 수 있도록 도와준다.

권력자................... 의지하고 있다는 자세를 보여준다. 겉치레가 아닌 솔직한 자신의 의견으로 정면을 마주 보도록 할 것. 상대가 난폭한 태도를 보일 경우에는 받아칠 수 있도록 하자. 상대가 화가 났을 때에는 아무 말 없이 잠시 떨어져 있을 것. 가끔은 혼자가 되고 싶을 때도 있기 때문에 그때는 방치해두는 게 좋다.

평화주의자........... 기본적으로 이끌어주어야 하는 타입. 뒤로 미루는 것을 비난하지 않는다. 상대의 관용과 인내심에 대해 감사의 마음을 표현하며 스킨십으로 안심시켜준다. 자신이 하고 싶은 일을 찾을 수 있도록 유도해줄 것.

느낀 점

월 Monday	화 Tuesday	수 Wednesday

8월
August

Weekly
금주의 메모

철학명언 인간은 자유로우며 항상 자신의 선택에 따라 행동해야 한다.
—장 폴 사르트르

목 Thursday	금 Friday	토 Saturday	일 Sunday

가령 회사를 그만두고 싶어 하는 상태라고 가정해볼까요? 곧바로 이직하는 것도 좋은 선택일 수 있지만, 생활을 위해서 꾹 참는 것도 자신의 선택입니다. '무언가를 고르는 것'도 선택이지만, '아무것도 고르지 않는 것' 역시 선택입니다. 바로 자신의 책임에 따르는 거죠.

8 월

August

Weekly

금주의 메모

철 학 명 언   최선의 해결책은 가장 단순한 해결책이다.

−오컴의 윌리엄

목 Thursday	금 Friday	토 Saturday	일 Sunday

단순함이 최선입니다(Simple is Best). 너무 깊게 고민하여 일을 복잡하게 할 필요가 없습니다. 단순한 해결책이 일을 복잡하게 만들지 않는 가장 최선의 방법이니까요.

월 Monday	화 Tuesday	수 Wednesday

Weekly

금주의 메모

철학명언   현재라는 시간은 항상 움직임 속에 있어 금방 흘러 달아나버
린다.

-세네카

목 Thursday	금 Friday	토 Saturday	일 Sunday

의식해서 효과적으로 활용하지 않으면 시간이라는 존재는 금방 흘러가 버립니다. 시간을 낭비하는 방법은 아주 쉽지요. 시간을 소중히 한다는 건 자신의 인생도 소중히 여기는 것이라고 할 수 있습니다.

월 Monday	화 Tuesday	수 Wednesday

8월
August

Weekly
금주의 메모

철학명언 진정한 기쁨은 고요한 분위기 속에만 깃들 수 있다.
　　　　　　　　　　　　　　　　　　　　　－버트런드 러셀

| 목 | 금 | 토 | 일 |
| Thursday | Friday | Saturday | Sunday |

자극이나 흥분이 있는 삶만이 충실한 삶은 아닙니다. 시끌벅적함에서 벗어나 고요한 분위기 속에서도
느낄 수 있는 기쁨이야말로 진정한 기쁨이라 할 수 있지요.

월 Monday	화 Tuesday	수 Wednesday

8 월
August

Weekly
금주의 메모

철학명언 친구가 없으면 세상은 황야에 지나지 않는다.

-프랜시스 베이컨

목 Thursday	금 Friday	토 Saturday	일 Sunday

친구가 없다면 세상은 고독한 상태가 되어버립니다. 서로 도울 수 있는 사람도, 격려해줄 수 있는 사람도, 슬픔이나 기쁨을 나눌 수 있는 사람도 존재하지 않는 세상은 평화로운 세상이 아닌 적막한 황야에 지나지 않습니다. 우정은 그 황야를 빛나게 해줄 오아시스가 되어줄 겁니다.

9 월

September

" 인생의 시간이란
생각하지 않는 자에게는
짧게 주어지지만,
생각하는 자에게는
길게 주어진다. "

- 세네카 (기원전 1년–서기 65년)

"스스로 의식하지 않으면, 시간은 금방 흘러가 버린다."

고대 그리스 철학자 세네카는 말했습니다.

돈은 줄어들더라도 다시 늘릴 수가 있지만, 시간은 다시 돌이킬 수 없습니다. 그럼에도 우리는 시간보다 돈을 더 소중하게 다루는 데 익숙해져 있습니다. 지인에게 하루만 시간을 내달라는 부탁과 100만 원을 빌려달라는 부탁을 들었을 때, 후자에 대해 더 거부감을 느끼는 법이죠.

마치 무한한 것처럼 시간을 낭비해버리는 경우도 종종 있습니다. 물론 인생에서 시간은 한정되어있죠. 9월에는 '인생의 시간'을 좀 더 풍요롭게 하기 위한 미션을 실시합니다.

인생에서 무엇을 증명할 수 있을까?
남은 시간을 즐기는 방법

"죽음을 의식함으로써 삶을 빛낼 수 있다"고 말했던 철학자는 하이데거입니다. 우리는 언젠가 죽습니다. 그날이 60년 후가 될지, 내일이 될지는 아무도 모릅니다. 죽는다는 건 정해져있지만 죽는 날은 알 수 없죠. 그래서인지 대부분의 사람들은 마치 시간을 무한한 것처럼 다룹니다.

인생의 소중함을 깨닫기 위한 질문 중에 이런 게 있습니다. "당신이 만약 1주일 후에 죽게 된다면, 무엇을 하시겠습니까?" 하이데거도 사람들이 '자신이 죽는다는 것'을 진지하게 생각해보면 '자신이 정말로 하고 싶었던 일', '인생에서 증명하고 싶은 일'을 찾고자 하는 마음의 소리가 들려올 거라고 말하곤 했습니다.

● 나의 인생을 써 내려가는 소설가는 바로 '나 자신'

1주일이라는 기간은 생각하기에 짧은 시간이지만, '자신은 언젠가 죽는다'는 것에 대해 진지한 자세로 생각해보면, '자신이 정말로 하고 싶은 일'이나 '자신의 인생을 어떻게 완성시키고 싶은지'를 알게 됩니다. 죽음을 의식하는 건 결코 부정적인 행위가 아닙니다. 인생은 죽음으로 인해 완성되는 법이니까요. 우리는 살아가는 동안에도 자신의 인생을 별 볼일 없는 것으로 평가해버리는 경우가 많지만, 인생은 죽을 때까지 깨끗이 지울 수 없는 것입니다. 죽음을 앞두고서야 자신의 인생이 어떠했는지 마음에서 털어버릴 수 있게 되죠. 눈을 뜨고 살아있는 동안이 귀중한 시간입니다. 당신이 언젠간 죽는다는 사실을 직시할 때 인생에서 무엇을 증명하고 싶은지 알게 될거예요. 인생을 써 내려가는 소설가는 바로 당신입니다. 마음의 소리에 귀를 기울여보세요. 당신만의 장대한 테마가 떠오르면서 앞으로의 시간을 소중하게 사용하게 될 거예요. 부디 다음 페이지의 질문들에 대한 대답을 써본 후에, 매일 읽을 수 있도록 노력해보세요.

● 자신이 인생에서 증명하고 싶은 것이란?

▶ 당신은 죽음을 앞두고 편안한 기분으로 침대에 누워있습니다. 지나온 인생에 감사할 때, 내 인생은 어떤 인생이었다고 생각하고 싶나요? 상상해보세요.

☐

☐

☐

▶ 당신이 그런 기분으로 죽음을 맞이하기 위해서, 남은 인생에서 소중히 여기고 싶은 것이나 하고 싶은 일은 무엇인가요?

☐

☐

☐

▶ 당신이 그러한 기분으로 죽음을 맞이하기 위해서, 지금 내가 할 수 있는 일, 해야 할 일은 무엇인가요?

☐

☐

☐

Weekly

금주의 메모

철학명언 우리는 자신에 대해 거짓말을 할 때 가장 큰 소리를 낸다.

– 에릭 호퍼

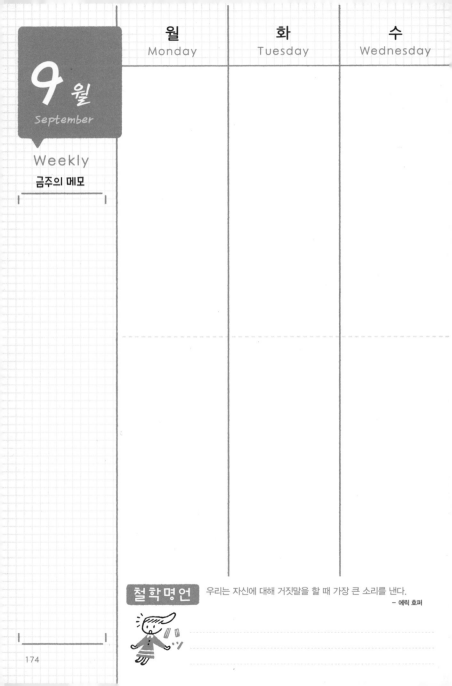

목 Thursday	금 Friday	토 Saturday	일 Sunday

자신을 속일 때나 자신을 거짓으로 꾸밀 때 우리들은 '내가 정말로 원한 건 이거였어!' 하고 마음속에서 큰 소리를 내며 거짓을 믿으려고 합니다. 진정으로 원하는 욕망을 숨기고 그럴듯한 동기를 내세울 때는 특히 더 그렇습니다.

	월 Monday	화 Tuesday	수 Wednesday

9 월
September

Weekly
금주의 메모

철학명언 참고 견디는 것은 현재만으로도 충분하다.

—알랭

목 Thursday	금 Friday	토 Saturday	일 Sunday

과거는 이미 지나간 것이기 때문에 계속 끙끙 앓는다 해도 그때 일이 해결되지는 않습니다. 미래는 아직 오지 않았기 때문에 지금부터 불안해한다 해도 괜한 걱정이 될지 모릅니다. 괴로운 일이 있어도 참고 견디는 건 현재만으로도 충분합니다.

9 월
September

Weekly

금주의 메모

철학명언 어려운 문제는 나누어 생각하라.

— 데카르트

목 Thursday	금 Friday	토 Saturday	일 Sunday

어려운 문제, 복잡한 문제를 해결하기 위해서는 문제점을 세세하게 나누어야 할 필요가 있습니다. 다양한 모순점이나 문제가 뒤섞여 있는 경우라면, 어떤 문제가 발생하고 있는 것인지, 각각 어떻게 해결해야 하는지를 종이에 써내려가며 거꾸로 하나씩 풀어보세요.

9월
September

월 Monday	화 Tuesday	수 Wednesday

Weekly

금주의 메모

철학명언 동정보다 더 어리석은 행위가 이 세상에 또 있겠는가.
— 프리드리히 니체

목 Thursday	금 Friday	토 Saturday	일 Sunday

동정이란 상대방의 괴로움에 감정을 이입해 상대에게 연민을 느끼는 행위입니다. 니체는 동정이란 일종의 경멸이라고 생각했습니다. 우정에는 마음 편히 동정하는 것보다는 상대의 고민을 진지하게 들어주는 자세가 필요하다고 하겠죠.

	월 Monday	화 Tuesday	수 Wednesday

9 월
September

Weekly
금주의 메모

철학명언 사람들은 이야깃거리가 없으면 험담을 한다.

– 볼테르

목	금	토	일
Thursday	Friday	Saturday	Sunday

이야기할 화제가 없어지면, 사람은 '험담'을 하면서 이야깃거리를 만들려고 하는 경우가 있습니다. 험담을 하면서 대화를 이어나가려고 하는 자신을 발견한다면, 그 자리에서 얼른 벗어나는 편이 좋겠지요?

10 월

october

강아지도 그냥 두면
제 집으로 돌아가는 것처럼,
불쾌감도 신경 쓰지 않으면
사라진다.

– 알랭 (1868–1951)

기분이 가라앉고 의욕이 생기지 않을 때, 왜 기운이 없는지 원인을 찾으려 하면, 점점 더 기분이 안 좋아지는 경우가 있죠? 사람의 기분은 참 애매한 지라, 특별한 이유가 있어서 기분이 변하는 건 아닙니다. 때로는 '외로움' 이나 '쉬고 싶다'는 무의식의 목적을 이루기 위해 불쾌한 기분이 드는 경 우도 있습니다. 기분의 기복 없이, 지루할 만큼 잔잔한 파도만 찰랑거리는 걸 막기 위해 감정에 큰 파도가 치게 되는 법이지요. '감정=자아'가 아니 라, 감정은 우리들을 적극적으로 컨트롤 해주려는 존재입니다. 10월에는 부정적인 감정에서 벗어나는 방법을 배워볼까요?

나의 부정적인 행동 패턴을 알고 극복해 나가기

다른 사람과 부딪혔을 때나 좋지 않은 일에 직면했을 때, '내 잘못이야!' 하고 솔직하게 자신을 반성하는 사람이 있는가 하면, '나는 이렇게 하고 싶어!' 하고 주장을 굽히지 않는 타입, 그리고 '이젠 됐어'라며 마음의 문을 닫고 상대방과 마주하려 하지 않는 타입, 이렇게 세 가지 타입이 있습니다.

어떤 타입이 좋고 어떤 타입이 나쁜지는 가릴 수 없습니다. 다만 자신이 분노나 부정적인 감정에 빠졌을 때 어떤 행동 패턴을 보이는지 알아두면, 조금 더 빨리 부정적인 감정에서 벗어나 상대방을 대하는 태도도 달라질 수 있지 않을까요? '다른 사람과 부딪혔을 때', '자신의 욕구를 붙잡고 싶을 때' 당신의 행동 패턴은 다음과 같습니다.

자기주장형 (엘리트, 낙천가, 권력자)	정력적이고 자신을 어필하는 것에 능숙하다. 자신의 욕구를 굽히지 않기 때문에, 자기중심적인 면도 있다. 일을 진전시키는 데 소질이 있으며 경영자 등에서도 많은 타입. 자신의 욕구를 충족시키기 위해 표면적으로는 사과도 하지만, 내면으로는 결코 굽히지 않는다. 만약 충돌이 있을 때에는 다른 사람의 기분을 헤아릴 수 있도록 유념할 것.
추종형 (완벽주의자, 박애주의자, 합리주의자)	룰이나 규칙을 잘 지킨다. 누가 봐도 부당하지 않은 일로 상대방과 부딪혔을 때에는 스스로를 나무란다. 모든 사물을 규칙에 따라 공평하게 바라보기 때문에, 자신이 하고 싶은 일보다는 상황에 맞게 어떻게 행동해야 하는지와 같은 이념에 충실하다. 다른 사람과 충돌이 생기면, 자기 논리만 정당하다고 생각하지 말고 유연한 사고를 가질 것.
도피형 (예술가, 연구가, 평화주의자)	가끔 마음의 문을 닫고 주위를 차단해 혼자가 되려고 할 때와 현실을 외면하는 경향이 있습니다. 언뜻 어른스러워 보이지만, 타인에게 자신을 맞추지 않고 자신만의 페이스로 일을 진행하는 타입입니다. 다른 사람과 충돌이 있을 때에는 거리를 두고 방에 틀어박혀 자신만의 세계로 도망칩니다. 당신에게 중요한 건 스트레스를 느끼지 않는 거리감을 알아두는 것.

● 나의 객관적인 시점 되찾기

부정적인 기분이 들 때에는 빨리 그 감정을 떨쳐버리려 노력하는 게 중요합니다. 슬픈 감정의 소용돌이 속에 있을 땐 자신과 그 감정이 하나가 되어버리는 느낌을 받는데 이는 착각입니다. 감정은 자아 바깥에 존재합니다. 슬플 때에는 '나는 지금 ○○한 것이 슬퍼'라는 말을 내뱉어보고 마음속에서 일어나고 있는 느낌들을 정리해보세요. 그러다 보면 자신과 감정이 분리될 거예요. 감정이 망아지처럼 제멋대로 뛰며 당신을 컨트롤하려고 한다는 것을 느낄 수 있습니다. 감정에 휘둘리면 자신에 대한 냉정함을 잃어버리게 되죠. 가진 것과 할 수 있는 일이 아무것도 없다고 느껴질 겁니다.

하지만 여기서 한 번 자신이 '무엇을 가지고 있는지', '어떤 능력이 있고, 어떤 성공을 경험했는지' 객관적으로 생각해보세요. 객관적인 시점을 되찾는다는 건 비관적인 기분을 이겨내기 위한 큰 자산이 됩니다.

● 나의 자원 파악하기

당신이 가지고 있는 것, 당신의 능력, 특기, 장점, 성공 체험 등, 당신이 지니고 있는 '자산'을 20개 이상 정리해서 써보세요.

(예) 다른 사람들의 생일을 잘 기억해서 모두들 기뻐해준다.

월 Monday	화 Tuesday	수 Wednesday

10 월
october

Weekly

금주의 메모

철학명언 갈구하면 얻을 수 있다.

– 알랭

목 Thursday	금 Friday	토 Saturday	일 Sunday

마음 깊이 원하고 있는 건 얻을 수 있습니다. 하지만 그것이 저절로 찾아오지는 않습니다. 감나무 밑에 누워 기다린다고 홍시가 떨어지나요? 원하는 바를 얻기 위해서는 산을 오르듯이 자신의 목표를 향해 앞으로 나아가야 합니다.

10 월
october

Weekly

금주의 메모

철학명언 고뇌에 지는 건 수치가 아니다. 쾌락에 지는 것이야말로 수치다.
– 파스칼

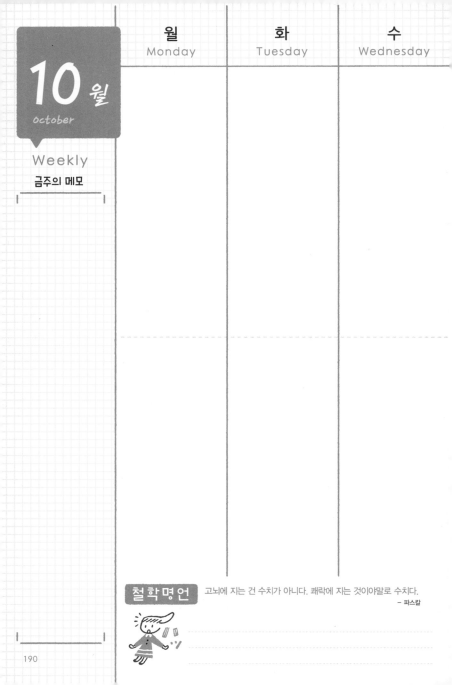

목 Thursday	금 Friday	토 Saturday	일 Sunday

쾌락에 진다는 것은 유혹에 지는 것입니다. 하지만 고뇌는 유혹하지 않는다는 점에서 쾌락에 지는 것과
는 크게 다릅니다. 쾌락에 자신을 쉽게 팔아넘기지 않도록 해주세요.

10 월
october

Weekly
금주의 메모

철학명언 거짓말을 하고 있다는 생각이 들면 그것을 진실로 받아들이
는 듯한 태도를 취하는 것이 좋다.

– 쇼펜하우어

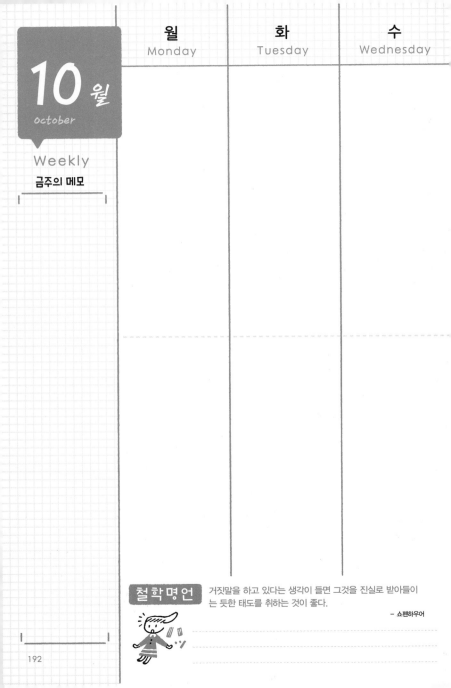

목 Thursday	금 Friday	토 Saturday	일 Sunday

'어라? 지금 거짓말하고 있는 거야?'라는 생각이 들면, 상대방을 추궁하기보다 상대의 말을 믿는 듯한 태도를 취해보세요. 그러면 상대는 더욱 대담한 거짓말을 늘어놓게 되고 점점 이야기가 꼬여서 앞뒤가 맞지 않게 될 거예요.

월 Monday	화 Tuesday	수 Wednesday

10 월
october

Weekly
금주의 메모

철학명언

세상에는 두 종류의 사람이 있다. 하나는 다정하지만 내가 불행할 때 숨는 사람, 다른 하나는 다정하지 않지만 나를 버리지 않는 사람이다.

– 칼 힐티

목 Thursday	금 Friday	토 Saturday	일 Sunday

이 두 종류의 사람 중 어느 쪽이 멋지다고 생각하십니까? 자신이 멋지다고 생각되는 사람처럼 될 수 있
도록 누군가의 불행을 눈앞에 보게 되었을 때 어떠한 태도를 취할 것인지 한 번 생각해보세요.

10월
october

Weekly
금주의 메모

월 Monday	화 Tuesday	수 Wednesday

철학명언 위대한 목표가 있는 사람은 도중에 만나는 사람들을 수단 또는 장애물로 여긴다.

— 프리드리히 니체

목 Thursday	금 Friday	토 Saturday	일 Sunday

높은 목표를 내세우고 있는 사람은 때로 주변 사람들을 차갑게 대하는 경우가 있습니다. 이는 타인을 볼 때 '자신의 목표를 이루는 데 있어 유익한 사람'인지 혹은 '목표나 효율을 방해하는 장애물'인지 계산하는 입장에서 바라보기 때문입니다.

11 월

November

'여성스럽다' 그리고 '남성스럽다'라는 건 무엇일까요? 보부아르는 여자란 성장해 나가는 동안 사회에서 말하는 '여성스러움'을 배우며 사회가 정한 '여성스러움'의 틀에 맞도록 변해간다고 지적했습니다. 가령 지기 싫어하며 활달한 성격일 경우, 어릴 때 '넌 여자애잖니? 좀 더 조신해야지!'라는 말을 한두 번 들어본 경험이 있을 겁니다. 우리들은 '일반적인 여성스러움'을 보이지 않는 압력으로 느끼면서 살아가고 있습니다. 당신은 어떤가요? 11월에는 자신이 마음속으로 생각하는 '여자다움', '남자다움'은 무엇이 있는지 찾아보세요.

내 마음 속에 있는 '여자다움', '남자다움'을 소중히 여기기

여성스러움과 남성스러움을 생각했을 때, 어떤 행동이 여성스러운지 또는 남성스러운지 마음속에서 떠오르는 남녀상이 '아니마(anima: 여성스러움)'와 '아니무스(animus: 남성스러움)'입니다. 이 둘은 모두 마음을 형성하는 데 중요한 요소기 때문에 과도하게 억압하거나 분출시키게 되면 비판적, 차별적인 심상이 형성될 수 있습니다.

가령 아니마를 과도하게 억압하면 '여자는 모두 바보다'는 공격적인 태도를 취하게 되고, 아니무스를 분출시켰을 땐 '남자는 결국 돈이다'라는 지나치게 합리적인 판단을 해버리는 경우가 있습니다. 하지만 반대로 아니무스를 억압하게 되면, '여성'이라는 사실을 앞세워서 살아가는 방식으로 기울어지게 됩니다. 만약 여성성을 앞세워 남성에게 의존하며 살아가는 여성이 있다고 했을 때, 이 여성은 아니무스를 억압한 생활 방식을 취하고 있는 것일지 모릅니다. 한편으로는 업무에 있어 남성과 대등한 관계를 쌓아나갈 수 없게 된다는 결점도 있겠지요.

이처럼 당신의 마음 속 밸런스는 어떠한가요? 당신이 정말로 중요하게 생각하는 것을 명확히 하는 게 이번 미션의 목적입니다. 아래의 단어들은 아니마와 아니무스의 특징입니다.

아니무스	아니마
• 합리적	• 섬세한
• 논리적	• 온화한
• 사회적	• 정숙한
• 공정한	• 모성적
• 용감한	• 너그러운
• 공격적	• 신비적
• 강한	• 감정적
• 현실적	• 애정깊은

● 당신의 내면에는 얼마만큼의 아니마, 아니무스가 있나요?

당신의 마음속에 있는 여성스러움과 남성스러움을 생각나는 대로 적어보세요. 어느 한 쪽
이 더 좋고 나쁜 것은 없어요. 사실 두 가지 모두 가지고 있다는 것 자체가 멋진 일이죠.

(예) 좀 더 일의 성과를 내고 싶어 하는 마음   (예) 지친 사람을 위로해주는 게 좋다.

● 자신에게 보내는 메시지를 써보세요.

'두 가지 모두를 소중하게 여기며 나답게 사는 것. 내가 어떤 사람이라도 사랑할 것'이
라는 결의를 마음이 가는 대로 적은 후에 다짐해보세요.

월 Monday	화 Tuesday	수 Wednesday

Weekly

금주의 메모

철학명언 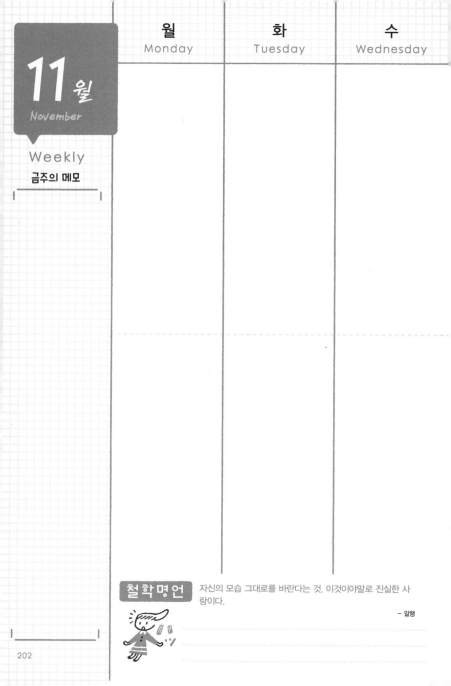 자신의 모습 그대로를 바란다는 것, 이것이야말로 진실한 사랑이다.

– 알랭

목 Thursday	금 Friday	토 Saturday	일 Sunday

상대가 납득할 수 없는 행동을 했을 때조차, '이것도 그 사람의 일부'라고 받아들여보세요. 그 행동이 용서할 수 없는 일이었다면 거리를 두고, 용서할 수 있는 일이라면 함께 지내면 됩니다. 너무 이상적인 틀로만 맞춰가려고 하지 않는 게 중요하지요.

11월
November

Weekly
금주의 메모

철학명언 친구란 함께 있을 때 거짓없는 모습으로 있을 수 있게 만들어
주는 사람이다.

– 에머슨

목 Thursday	금 Friday	토 Saturday	일 Sunday

그럴듯하게 꾸민다거나, 눈치 보는 일 없이 나만의 모습 그대로 편안하게 지낼 수 있는 상대, 그게 바로 친구입니다. 그렇게 떠오르는 진정한 친구는 생각보다 적을 수 있지만, 지금 머릿속에 그려지는 친구들을 소중하게 대해 주세요.

월 Monday	화 Tuesday	수 Wednesday

11 월

November

Weekly

금주의 메모

철학명언

외면적인 성공만이 성공이라고 한다면, 누구라도 마지막엔
실패하게 된다.

– 프랭클

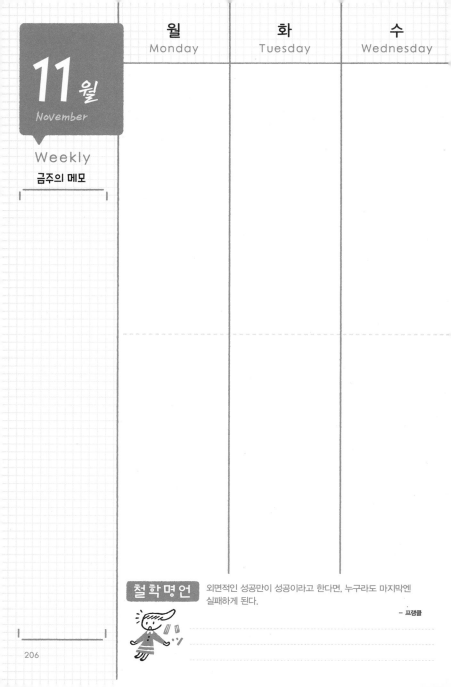

목 Thursday	금 Friday	토 Saturday	일 Sunday

내면의 행복을 얻는 것이야말로 성공이라고 할 수 있습니다. 사람들은 최후에 병에 걸리거나 죽음을 겪기 때문에, 외면적인 성공만 추구한다면 결국 실패로 끝나버리기 때문입니다. '어떤 태도로 인생에 임해야 하는가'에 따라 내면의 풍부함이 달라질 거예요.

월 Monday	화 Tuesday	수 Wednesday

11월
November

Weekly
금주의 메모

철학명언   최고의 처세술은 타협하는 것이 아닌 적응하는 것이다.
– 게오르그 지멜

목 Thursday	금 Friday	토 Saturday	일 Sunday

마지못해 타협하는 것이 아닌 진정한 마음으로 열성을 가지고 적응하는 것. 이것이 최고의 처세술이라고 할 수 있습니다. 그러기 위해서는 우선 자신의 눈으로 좋은 면을 발견해야 할 필요가 있겠지요. 타협하기 전, 일단은 좋은 면과 공감할 수 있는 면을 찾아보세요.

	월 Monday	화 Tuesday	수 Wednesday

11월

November

Weekly

금주의 메모

철학명언 지나치게 겸손한 사람을 진정으로 받아들여서는
안 된다.

– 칼 힐티

목 Thursday	금 Friday	토 Saturday	일 Sunday

자학이나 겸손에는 높은 자존심이 숨겨져 있는 경우가 있습니다. 항상 자신을 비하하는 사람은 실제로는 자존심이 높아 자신이 상처받지 않도록 스스로를 비하하고 있는 것이죠.

12 월

December

"
어느 누구에게나
개성의 아름다움이 있다.
"

– 랄프 왈도 에머슨 (1803–1882)

올 한해는 당신의 인생에서 어떠한 1년이었나요? 철학자 에머슨은 이렇게 말했습니다. "주변에 자신을 맞추려하지 말고 자신을 신뢰하는 것이야말로 중요한 일이다. 예를 들어, 마당 한 쪽에 피어있는 장미는 주변의 장미나 과거의 장미를 의식해서 피어 있는 게 아니다. 이 장미처럼 '자신다움'을 최대한 이끌어내 아름답게 피어야 한다."

사회 속에서는 주변 사람들과 자신을 비교하기 쉽습니다. 하지만 당신의 인생을 소중하게 살아갈 수 있는 것은 세상에서 오직 한 사람, 당신뿐입니다. 12월에는 지나온 1년을 되돌아보며, 더욱 더 멋진 내년을 맞이하기 위한 준비를 해보도록 해요.

올해의 총 정리
나의 1년 완성시키기

1년간 이 다이어리를 통해 둘도 없이 소중한 '나 자신'과 마주하면서 발견했던 것들은 무엇인가요? 철학은 '이미 알고 있다고 생각했던 것들을 문득 깨닫게 되면서 인식을 새로이 하는 것'이기도 합니다. 지난 1년을 차분히 돌이켜보며, 문득 새롭게 깨달을 만한 자신의 이야기를 찾아보세요.

▶ 올 한 해, 당신에게 친절하게 대해준 사람은 누구인가요? 그 친절함이 가장 많이 느껴졌던 에피소드는 어떤 것들이었나요?

▶ 이 다이어리를 사용하기 전의 자신과 만났다고 가정했을 때, 그 때의 자신에게 알려주고 싶은 기쁜 소식은 어떤 것인가요?

▶ 올 한 해, 당신이 이루어낸 일은 어떤 것인가요? 구체적으로 적어보세요.

▶ 자, 내년에는 어떻게 지낼 계획인가요? 1년 후의 일들을 구체적으로 적어보세요.

▶ 올해는 당신에게 어떤 1년이었나요? 그리고 내년은 어떤 1년으로 보내고 싶나요?

▶ 1년 동안 새롭게 경험한 일, 도전했던 일을 최대한 많이 적어보세요.

▶ 올 한 해, 힘내서 노력한 자신을 마음껏 칭찬해주세요. 열심히 했던 에피소드를 다섯 개
   이상 적어 칭찬해보세요.

월 Monday	화 Tuesday	수 Wednesday

12월
December

Weekly
금주의 메모

철학명언 혼기를 맞은 여성들은 결혼 그 자체를 위해 결혼한다.
　　　　　　　　　　　　　　　　　　　　　　　– 시몬 드 보부아르

목 Thursday	금 Friday	토 Saturday	일 Sunday

상대방과 한 평생을 함께 보내고 싶어 결혼을 생각하는 게 아니라 결혼이 하고 싶기 때문에 상대방을 찾는 것을 당연시하는 세상이 되고 있습니다. 드 보부아르는 (배우자가 있기는 했지만) 혼인관계를 맺지 않고 자유롭게 연애하며 인생을 즐겼다고 합니다.

월 Monday	화 Tuesday	수 Wednesday

12월
December

Weekly
금주의 메모

철학명언 돈으로 신용을 만들려고 하지 마라. 신용으로 돈을 만들려고 해라.

– 테미스토클레스

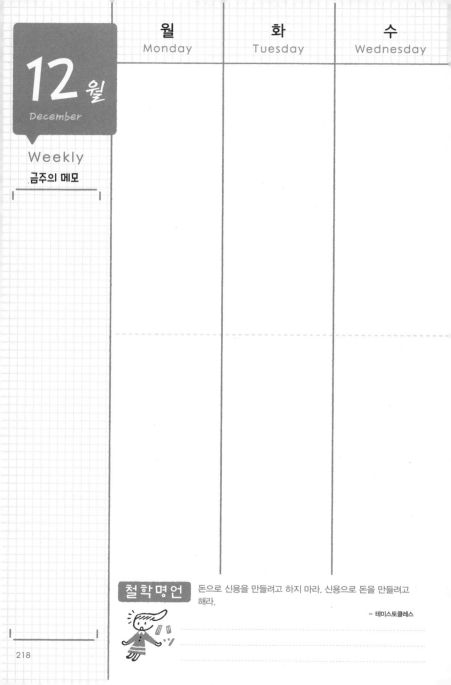

목 Thursday	금 Friday	토 Saturday	일 Sunday

새로 카드를 만들 때에도, 은행에서 돈을 빌릴 때에도, 신용이 가장 중시되죠. 하지만 반대로 돈으로 사람에게 신용을 사는 건 오히려 당신의 신뢰를 떨어뜨리는 일이기도 합니다.

월 Monday	화 Tuesday	수 Wednesday

12 월

December

Weekly

금주의 메모

철학명언

서로 맞지 않는 결혼 중에서도 가장 비참한 건 마음이 맞지
않는 결혼이다.

– 니콜라 상포르

목 Thursday	금 Friday	토 Saturday	일 Sunday

집안 차이가 나는 결혼도 있지만, 마음이 맞지 않는 결혼만큼 비참한 건 따로 없습니다. 서로에 대한 마음이 균형을 이루지 못하는 상태에서 맺는 계약이라면, 사사로운 일만으로도 갈등이 생겨나기 쉬운 법이지요.

	월 Monday	화 Tuesday	수 Wednesday

12월
December

Weekly
금주의 메모

철학명언 용기는 역경 속의 빛이다.

– 보브나르그

목 Thursday	금 Friday	토 Saturday	일 Sunday

용기를 가진다는 것. 역경 속에서는 그 자체로 희망이 됩니다. 아무런 빛도 보이지 않는 상황 속에서도 용기로 인해 빛을 발할 수가 있는 법이지요. 두려워하지 말고 용기를 내보세요.

12 월
December

Weekly
금주의 메모

월 Monday	화 Tuesday	수 Wednesday

철학명언 잠시 둘 사이에 침묵을 유지해보면, 그 침묵을 견딜 수 있는
관계인지를 알 수 있다.

— 쇠렌 키에르케고르

목 Thursday	금 Friday	토 Saturday	일 Sunday

둘의 관계가 진정한 관계라면, 일부러 그 자리를 꾸미거나 하지 않아도 마음이 편안할 겁니다. 침묵을 견디지 못하고 상대의 기분을 먼저 살피게 된다면, 그건 아직 둘 사이의 벽이 완벽하게 허물어지지 않은 것일지도 모릅니다.

12 월
December

Weekly

금주의 메모

철학명언 상상력은 마술 같은 것이다.

– 마키 키요시

목 Thursday	금 Friday	토 Saturday	일 Sunday

사람들은 상상한 결과에 대해 화를 내기도, 슬퍼하기도 합니다. 상상은 자신의 머리속에서만 존재하는 '현실'이지만, 그것이 실제로도 존재하는 일이라고 믿어버리기 때문에 상상력은 마술과 같은 힘을 가지고 있다고도 할 수 있지요. 마술에 휘둘리지 않도록 주의해주세요.

당신의 인생 스토리에 등장하는 인물들에게 감사의 마음을!

당신의 인생에 있어 주인공은 바로 당신 자신입니다. 당신은 이 철학수첩을 통해 인생의 주인공인 '나'를 찾기 위해 다양한 미션에 도전해 봤습니다.

아무리 깊은 인연이라고 할지라도, 나와 다른 사람의 사이에는 커다란 차이가 있습니다. 한 가지 예로 누군가 죽음을 맞이했을 때, 당신이 바라보고 있는 세계 속에서는 그 사람이 사라지게 됩니다. 하지만 반대로 내가 죽음을 맞이했을 땐 온 세계가 전부 사라져 버리게 되지요. 조금은 슬프게 느껴질 수 있지만 나와 '타인'의 사이에는 그 만큼 커다란 차이가 있는 법입니다.

인류의 역사는 약 700만 년이라고 합니다. 그 중에서 철학의 역사는 약 2,500년. 그리고 한 사람의 수명은 약 80년. 이렇게 보면 긴 역사의 시간 속에서 우연히 같은 시간을 살아가고 있는 사람들, 또 자신의 인생 스토리에 등장하는 사람들이 특별한 인연으로 느껴지지 않나요? 그 중에는 성격이 맞지 않는 사람이나 서로를 이해하지 못했던 사람들도 있을 겁니다. 하지만 긴 역사 속에서 우연히 만나 자신의 인생에 나타나준 사람들이라는 사실을 생각하면, 모두 멋진 등장인물처럼 느껴지게 될 거에요.

다음 페이지에는 당신이 주인공인 인생이라는 스토리를 아름답게 꾸며준 사람들의 이름을 적어보세요. 생각나는 만큼, 영화의 엔딩 자막처럼 말이죠. 그리고 그 스토리는 어떤 성장 스토리를 담고 있나요? 주인공은 어떤 캐릭터인가요? 각각의 대답들은 첫 페이지의 '나는 누구일까?'라는 질문의 답을 찾는 데 힌트가 되어줄 겁니다. 1년간 정말 고마웠습니다. 내년에도 철학수첩을 다시 구매해서 당신이 상상하는 대로 스토리가 흘러가도록 이야기를 써주세요.

▶ 나의 성장 스토리는 어떤 이야기들을 담고 있나요? 그리고 주인공인 나는 어떤 캐릭터인가요?

● 자신의 인생에 등장했던 사람들의 엔딩 자막을 만들어보세요.

Special thanks!!

업무의 은인: 김과장
연애 상담 상대: 박○○
전우: 김○○

올해의 나를 변화시켜준
가슴에 남는 금과옥조

▶ 당신의 마음을 울린 철학자의 격언을 적어본 후, 매일 읽어보세요.

Memo

Memo

저자 하라다 마리루(原田まりる)

1985년 교토에서 출생. 교토의 '철학의 길'을 곁에 두고 배우며 고등학교 시절 철학 서적을 만나 감명을 받는다. 교토여자대학 시절부터 시작해온 예능활동을 거쳐 현재는 작가, 철학 내비게이터로 활동하고 있다. 온라인 커뮤니티 '이 철학은 굉장해~! 다툼 없는 철학 교류 라운지~'(DMMLounge)를 운영하고 있다. 2017년 4월에는 게임과 만화의 원작 제작사 'noexit'을 설립하였다. 저서로는 철학자의 생각과 경험담을 함께 담은 『나의 몸을 일깨워주는 말』, 교토를 무대로 한 철학 엔터테인먼트 소설 『니체가 교토로 찾아와, 17세의 나에게 철학이란 것을 가르쳐주었다』가 있으며, 2018년 11월에는 새로운 저서 『매일 하는 철학』을 발행할 예정이다.

책　　명　철학수첩

초판 인쇄 2017년 10월 24일
초판 발행 2017년 11월 06일

지 은 이　하라다 마리루
옮 긴 이　이미경
펴 낸 이　권기대
펴 낸 곳　도서출판 베가북스
총괄이사　배혜진
편　　집　백숭기
디 자 인　이호영, 홍윤정
마 케 팅　황명석, 강나은
출판 등록　제313-2004-000221호
주　　소　(150-103) 서울시 영등포구 양산로3길 9, 201호
주문 및 문의 02)322-7241　팩스 02)322-7242
ISBN 979-11-86137-57-4 (03320)
가격 13,000원

※ 좋은 책을 만드는 것은 바로 독자 여러분입니다. 베가북스는 독자 의견에 항상 귀를
　기울입니다. 베가북스의 문은 언제나 열려 있습니다. 원고 투고 또는 문의 사항은
　vega7241@naver.com으로 보내주시기 바랍니다.

홈페이지 www.vegabooks.co.kr
블로그 http://blog.naver.com/vegabooks.do
트위터 @VegaBooksCo 이메일 vegabooks@naver.com

Original Japanese title: HIBI NO NAYAMI GA KIERU TETSUGAKU TECHOU 2018
Copyright ⓒ 2017 Mariru Harada
Original Japanese edition published by FUSOSHA Publishing Inc.
Korean translation rights arranged with FUSOSHA Publishing Inc.
through The English Agency (Japan) Ltd. and Eric Yang Agency, Inc.